# Ihr Freunde Gottes allzugleich

## Heilige und Selige im Erzbistum München und Freising

Erzbischof Friedrich Kardinal Wetter zum 75. Geburtstag

Herausgegeben von Peter Pfister
im Auftrag des Metropolitankapitels München

Don Bosco

Bibliografische Information Der Deutschen Bibliothek

Die Deutsche Bibliothek verzeichnet diese Publikation in der Deutschen Nationalbibliografie; detaillierte bibliografische Daten sind im Internet über <http://dnb.ddb.de> abrufbar.

e verlags gruppe engagement

1. Auflage 2003 / ISBN 3-7698-1405-3

Umschlag: Margret Russer
Umschlagmotiv: Verherrlichung des hl. Korbinian. Deckenfresko von Cosmas Damian Asam im Freisinger Dom, 1723/24
Satz: Undercover, Augsburg
Produktion: Heichlinger Druckerei, Garching

# Inhalt

## Heilige und Selige im Erzbistum München und Freising

## Blutzeugen des Erzbistums München und Freising

## Patrozinien der Heiligen und Seligen

# Geleitwort

»Heilige sind Menschen wie wir,
aber Menschen, denen Christus begegnet ist und
die das christliche Bild vom Menschen verwirklichen.«

*Walter Nigg*

In den Heiligen wird sichtbar, was Christsein ist: Christusbegegnung und Christusnachfolge. Davon gibt es keine Dispens. Heiligkeit ist von jedem Christen gefordert. Bei Paulus heißt es: »Das ist es, was Gott will: eure Heiligung« (1 Thess 4,3). Genau in diesem Sinne spricht Walter Nigg, der große protestantische Heiligenkenner unserer Tage davon, dass wir von der Heiligung eingefordert sind; denn »sie ist von unserer Existenz nicht abzulösen, weil nur in ihr unser persönliches Heil und die Rettung der ganzen Christenheit besteht«. Erzbischof Friedrich Kardinal Wetter hat dafür anlässlich der Seligsprechung von Pater Rupert Mayer knapp und bündig die Worte gefunden: »Gott im Herzen und Gott vor Augen«.

**Der vormalige Speyerer** Bischof Friedrich Wetter wurde am 28. Oktober 1982 zum Erzbischof von München und Freising ernannt und hat das Amt am 12. Dezember 1982 übernommen. Am 25. Mai 1985 wurde er zum Kardinal kreiert. Während seiner Münchener Erzbischofszeit sind bisher drei Selige zur Ehre der Altäre erhoben worden: die Gründerin der Armen Schulschwestern Maria Theresia von Jesu Gerhardinger (1985 in Rom), Pater Rupert Mayer (1987 in München) und Pater Kaspar Stanggassinger (1988 in Rom). Kardinal Wetter gab auch den Anstoß für die Umsetzung des Vorschlags von Papst Johannes Paul II., anlässlich des Heiligen Jahres 2000 die Märtyrer des 20. Jahrhunderts zusammenzustellen. Es war sein ausdrücklicher Wunsch, die Blutzeugen der Erzdiözese in Erinnerung zu rufen. Gerade die neuen Seligen und die Blutzeugen in der Zeit des Nationalsozialismus gaben den Anlass zur Herausgabe des nun vorliegenden Buches.

**Auch wenn manche** Menschen die Heiligenverehrung für längst überholt und nicht mehr zeitgemäß halten – in den Wallfahrtsorten, der religiösen Kunst, der literarischen Legende und in der Frömmigkeit vieler Menschen leben die Heiligen weiterhin unter uns. Sie sind eine Realität, die nicht auszulöschen ist. In unserer Kirche werden gerade unter dem Pontifikat des derzeitigen Papstes

Johannes Paul II. viele herausragende Christen zur »Ehre der Altäre« erhoben: Es sind Menschen, die im Dienste Gottes und am Nächsten sich selbst völlig überwunden und eingesetzt haben und die durch wunderbare Ereignisse zusätzlich beglaubigt sind. Als Vorbilder und Fürbitter sind sie auch heute Wegweiser und Helfer für ein christliches Leben.

**Das Interesse an** solchen besonderen Menschen wandelte sich im Lauf der Jahrhunderte. Früher waren es vor allem die heroischen Tugenden, die herausgestellt wurden. Heute fesselt oft mehr der innere Kampf mit den eigenen Grenzen als der sichtbare Glanz eines heiligmäßigen Lebens. Daher müssen Heiligenbiographien immer wieder neu geschrieben werden.

**Ich freue mich,** dass wir das vorliegende Buch unserem Herrn Kardinal zu seinem 75. Geburtstag widmen können und ihm damit zugleich unseren herzlichsten Glückwunsch übermitteln dürfen.

*München, am Fest Mariä Lichtmess 2003*
*Prälat Ernst Blöckl*
*Dekan des Metropolitankapitels München*

# Einführung

Grundlage für die Heiligen und Seligen, die in dieses Buch aufgenommen wurden, ist der Diözesankalender der Erzdiözese München und Freising.

**Das II. Vatikanische** Konzil hat das Recht aller Diözesen auf einen je eigenen Diözesankalender der Heiligen betont. Entsprechend legt die nach dem Konzil erneuerte »Grundordnung des Kirchenjahres und des neuen römischen Generalkalenders« (Nr. 48 – 55) fest: »Die Eigenkalender ... enthalten auf Teilkirchen und Ordensgemeinschaften begrenzte Feiern, die mit dem allgemeinen Jahreskreis sinngemäß zu verknüpfen sind. Die Teilkirchen sollen durchaus jene Heiligen, die ihnen besonders zugehörig sind, auch besonders verehren. Die Eigenkalender werden von den zuständigen Autoritäten erstellt und vom Apostolischen Stuhl approbiert. ... Der Kalender eines Bistums enthält die Feier der Schutzheiligen und des Kirchweihfestes der Kathedrale; außerdem solche Heiligen und Seligen, die zum Bistum eine besondere Beziehung haben, z. B. durch Herkunft, längeren Aufenthalt, Tod.«

**Auf dieser Grundlage** wurde der Diözesankalender für das Erzbistum München und Freising erstellt und am 22. April 1975 durch Erzbischof Julius Kardinal Döpfner approbiert. Die Bestätigung durch die römische Kongregation für den Gottesdienst folgte am 14. Juli 1975. Eine erneute Approbation für die Erweiterungen, die durch neue Seligsprechungen erforderlich geworden waren, erfolgte am 31. Mai 1988 durch Erzbischof Friedrich Kardinal Wetter.

**Es sollte nicht** nur jedes Bistum seinen Kalender, seine Eigenoffizien und Eigenmessen haben, sondern auch Provinzen, Regionen, Nationen und noch größere Gebiete (Grundordnung des Kirchenjahres und des neuen römischen Generalkalenders Nr. 51). Deshalb haben die Bischofskonferenzen des deutschen Sprachgebiets einen Regionalkalender erarbeitet und im Frühjahr 1971 für den liturgischen Gebrauch approbiert.

**Für das vorliegende** Buch wurde der Diözesankalender von München und Freising um einige bedeutende Heilige aus dem deutschen Regionalkalender erweitert, die entweder aus Bayern stammen oder hier viel verehrt werden: Florian, Heinrich II. und Kunigunde, Johannes Nepomuk, Konrad von Parzham, Leonhard, Ulrich, Valentin und Wolfgang. Schließlich ist aus dem für die gesamte Kirche geltenden römischen Generalkalender das Fest Allerheiligen übernommen. Auch die Märtyrer des 20. Jahrhunderts aus unserer Erzdiözese, die ihren Glauben mit ihrem Blut bezeugt haben und die Papst Johannes Paul II. im Jubiläumsjahr 2000 in das deutsche Martyrologium aufgenommen hat, sind in kurzen Lebensbeschreibungen enthalten.

**Das vorliegende Buch** steht in einer langen Reihe und Tradition von Heiligendarstellungen durch die Jahrhunderte, die sich an unterschiedlichste Zielgruppen wandten. Die Lebensbeschreibungen der Heiligen reichen in unserem Gebiet bis ins 8. Jahrhundert zurück, als Bischof Arbeo von Freising (764–783) über die heiligen Bischöfe Emmeram und Korbinian schrieb.

**Allerdings erst ab** dem frühen 17. Jahrhundert wird dann die Darstellung der Heiligen, Seligen und Gottseligen Bayerns zusammengefasst. So erschien 1615 der erste, 1624 und 1627 der zweite und dritte Teil des Werkes von Matthäus Rader »Bavaria Sancta« (Heiliges Bayernland), das dieser im Auftrag von Kurfürst Maximilian I. von Bayern erstellt hatte. 1628 wurde der Anhang »Bavaria Pia« gedruckt. Der Jesuit Rader bearbeitete seine »Bavaria Sancta« aus den verfügbaren Quellen und zuverlässiger Literatur. In großer Fülle wurde der Stoff zusammengetragen. Raders lateinisches Werk wurde 1704 unverändert nachgedruckt. 1714 bearbeitete es dann der Jesuit Maximilian Rassler, indem er es ins Deutsche übersetzte und ihm eine durchgehend chronologische Ordnung gab. Da Rassler schon die ersten Bände der von der belgischen Jesuitengruppe der Bollandisten herausgegebenen »Acta Sanctorum« kannte, konnte er Änderungen einarbeiten. Auch Beschreibungen von Gottseligen, die in jüngerer Zeit gelebt hatten, fügte er an.

**1755 besorgte der** Jesuit Anton Crammer erstmals eine Darstellung speziell des Freisinger Heiligenhimmels unter dem Titel »Frisinga Sacra« und damit eine Zusammenschau der Heiligen des Bistums Freising. 1818 kam in München eine anonyme »Legende der Heiligen in Baiern. Herausgegeben zur Belehrung und Erbauung« heraus; ihr Verfasser war der Staatsbeamte und Historiker Ignaz Joseph von Obernberg. 1840 erschien dann eine neue »Bavaria Sancta« oder »Das heilige Baierland von Pater Matthäus Raderus, Priester aus der Gesellschaft Jesu, im Auszug aus dem Lateinischen für Deutsche bearbeitet und herausgegeben von einem katholischen Geistlichen. Ein nützliches Handbuch für Priester, Schullehrer und Hausväter in der Stadt und auf dem Lande«, das in Straubing gedruckt wurde.

*Seligsprechung von Kaspar Stanggassinger in Rom am 24. April 1988*

Der Katholische Bücherverein in München gab 1861 – 1862 eine zweibändige »Bavaria Sancta. Leben der Heiligen und Seligen des Baierlandes zur Belehrung und Erbauung für das christliche Volk. Bearbeitet von Dr. Magnus Jocham, Professor der Theologie und Erzbischöflicher Geistlicher Rat« heraus. Ein sehr volkstümlich gehaltenes Büchlein von Ludwig Rosenberger »Bavaria Sancta. Bayerische Heiligenlegende« erschien 1948 in München. Äußerst verdienstvoll ist das dreibändige, den Stand wissenschaftlicher Forschung repräsentierende Werk »Bavaria Sancta. Zeugen christlichen Glaubens in Bayern«, das der Münchener Kirchenhistoriker Professor Dr. Georg Schwaiger zwischen 1970 und 1973 im Regensburger Pustet-Verlag herausgebracht hat.

1972 (in zweiter Auflage 1976) hat Dr. Josef Maß, Priester der Erzdiözese, Erzbischöflicher Sekretär von Julius Kardinal Döpfner und heutiger Stadtpfarrer in München-Christkönig, im Auftrag des Erzbischöflichen Ordinariats München sein Buch »Zeugen des Glaubens. Die Heiligen im Diözesankalender des Erzbistums München und Freising« herausgegeben.

Dieses Werk, das zwischenzeitlich längst vergriffen ist, war ebenfalls im Don Bosco Verlag in München erschienen und erhält nun durch das vorliegende Buch eine Fortschreibung. Es will als eine knappe, doch solide Erstinformation dienen, ob für in der Seelsorge oder in der Schule Stehende oder für alle, die Interesse an den hervorragenden christlichen Gestalten ihrer Heimat haben. Allen, die den Namen eines der Heiligen tragen, will es die Bekanntschaft mit dem Namenspatron erleichtern. Natürlich sind damit ausführlichere wissenschaftliche Darstellungen (wie die »Bavaria Sancta« oder die beiden 1987 ebenfalls durch Georg Schwaiger herausgegebenen Bände »Christenleben im Wandel der Zeit«) nicht ersetzt. Vielmehr sollen interessierte Leser durch die Literaturhinweise auf grundlegende und weiterführende Werke aufmerksam gemacht werden.

**Angestrebt wurde eine** durchgängig einheitliche Bearbeitung der Heiligen und Seligen: Zu jedem Heiligen und Seligen finden sich auf vier Seiten Leben bzw. Legende, Formen der Verehrung und der Frömmigkeitsgeschichte sowie Brauchtum um den einzelnen Heiligen, seine Patronate, dazu ein Gebet oder ein anderer spiritueller Impuls. Listen aller Kirchen und Kapellen mit den Patrozinien der Diözesanheiligen im Erzbistum und ein ausführlicher Kartenteil, der die jeweiligen Standorte anschaulich macht, runden die Thematik ab. Besonderer Wert wurde auf eine ansprechende Illustration des Werkes gelegt. Dass wir einen Großteil der Bilder dem Nachlass des unvergessenen Meisterfotografen Wolf-Christian von der Mülbe entnehmen konnten, verdanken wir Frau Dr. Ursula von der Mülbe, Dachau. Im Übrigen war es das Bestreben zu zeigen, wie vielfältig die Darstellungen von Heiligen und Seligen vom Mittelalter bis zur Gegenwart sind. So reicht die Spannweite der Abbildungen von Spitzenwerken der bayerischen Kunstgeschichte bis zur populären Andachtsgraphik.

**Es ist natürlich** eine außerordentlich große Freude für alle Mitarbeiter gewesen, dass das Metropolitankapitel München mit Dompropst Weihbischof Engelbert Siebler und Domdekan Prälat Ernst Blöckl an der Spitze gerade dem Archiv des Erzbistums München und Freising sowie dem Erzbischöflichen Archiv München die Aufgabe übertragen hat, anlässlich des 75. Geburtstags unseres hochverehrten Herrn Erzbischofs Friedrich Kardinal Wetter das vorliegende Buch zu erstellen. Es ist in der Hauptsache ein Gemeinschaftswerk der wissenschaftlichen Mitarbeiter beider Archive, die in großer Geschlossenheit, mit großem Engagement und ebenso großem Einsatz sich trotz aller Kurzfristigkeit der Aufgabe gestellt und in stetem Miteinander die Texte verfasst haben.

**Ich danke hierfür** allen Autorinnen und Autoren. Allen voran möchte ich Herrn Dr. Roland Götz nennen, der sich der Mühe unterzogen hat, in Zusammenarbeit mit dem Herausgeber die redaktionelle Aufbereitung der Texte und viele andere Kleinigkeiten mehr sowie auch insbesondere die Bildauswahl vorzunehmen.

**Mein besonderer Dank** gilt Herrn Bischof Dr. Gerhard Ludwig Müller, der die Zusage zu einem grundlegenden theologischen Beitrag über die Heiligenverehrung, die er als Professor für Dogmatik an der Katholisch-

Theologischen Fakultät der Universität München gab, trotz gewiss vielfältiger anderweitiger Aufgaben als eben geweihter Bischof von Regensburg eingelöst hat.

**Msgr. Dr. Josef Maß** danke ich für die freundliche Zustimmung, sein Heiligenbuch als Grundlage der Neuausgabe zu verwenden.

**Für kollegiale Zusammenarbeit** danke ich der Pastoralen Planungsstelle (Herrn Karl-Hans Pauli, Herrn Felix Halbgewachs, Frau Karin Niederländer), der Pressestelle (Herrn Winfried Röhmel, Frau Adelheid Utters-Adam, Frau Dr. Christiane Schwarz) sowie dem Kunstreferat (Herrn Dr. Norbert Jocher, Herrn Dr. Bernd Feiler) des Erzbischöflichen Ordinariats München. Die Mitarbeiterinnen der Registratur des Generalvikariats (Frau Maria Rues, Frau Elke Wieser) haben so manche wichtige Hilfe geleistet.

**Mit Rat, Tat** und der Überlassung von Bild-und Textmaterialien halfen zahlreiche kirchliche Dienststellen und Pfarrämter innerhalb des Erzbistums und auch außerhalb (in den Bistümern Fulda, Innsbruck, Passau, Regensburg und im Erzbistum Salzburg), die Münchener Provinzialate der Kapuziner, der Redemptoristen und der Armen Schulschwestern, das Redemptoristenkloster Gars am Inn, das Archiv der Oberdeutschen Provinz der Gesellschaft Jesu (Archivum Monacense SJ) sowie die Münchner Kirchenzeitung, die Hauptstelle der Ackermann-Gemeinde e.V., das Volksmusikarchiv des Bezirks Oberbayern, der Freisinger Kreisheimatpfleger Rudolf Goerge M.A. und zahlreiche Privatpersonen.

**Wir erlauben uns,** mit unserem Werk Herrn Kardinal alles erdenklich Gute und Gottes Segen zu wünschen und ihm ein von Herzen kommendes »ad multos annos« zuzurufen.

*Dr. Peter Pfister, Diakon, Archivdirektor*

*Seligsprechung von P. Rupert Mayer durch Papst Johannes Paul II. im Münchener Olympiastadion, 3. Mai 1987*

# »Gott im Herzen und Gott vor Augen«
## Predigt zur Seligsprechung von P. Rupert Mayer 1987

*Friedrich Kardinal Wetter*
*Erzbischof von München und Freising*

Mit großer Freude haben wir die Seligsprechung von Pater Rupert Mayer, des Apostels von München, gefeiert. Wir danken dem Heiligen Vater, dass er zu uns gekommen ist und die Seligsprechung in unserer Mitte vollzogen hat. Die Feierlichkeiten gehen zu Ende. Geht nun das Leben weiter wie vorher, als ob nichts geschehen wäre? Waren diese Tage nur eine festliche Unterbrechung des Alltags oder haben wir uns wachrütteln lassen von Pater Rupert Mayer, von seiner Gestalt und von der Botschaft, die er uns vorgelebt hat?

### Zur Heiligkeit berufen

Unser neuer Seliger sagt uns, was uns am meisten Not tut. Was ist das? Etwas, das wohl die wenigsten erwarten: Heiligkeit. »Der selige Rupert Mayer ist für uns alle ein Vorbild und Anruf, ein heiliges Leben zu führen. Heiligkeit ist nicht eine Sache für einige auserwählte Seelen: Zur Heiligkeit sind wir alle berufen, alle ohne Ausnahme«, sagte der Heilige Vater in seiner Predigt zur Seligsprechung. »Das ist es, was Gott will: eure Heiligung« (1 Thess 4,3), schreibt der Apostel Paulus, und sein Wort gilt allen. Das II. Vatikanische Konzil hat ein ganzes Kapitel der Konstitution über die Kirche der allgemeinen Berufung zur Heiligkeit gewidmet (Lumen Gentium 39 – 42). Bisher hat dieses Kapitel wenig Beachtung gefunden, obwohl es das wichtigste Kapitel des Konzils ist. Denn die vom Konzil erstrebte Erneuerung steht und fällt mit unserer Heiligung.

**Der Heilige Vater** hat Rupert Mayer auf einen hohen Leuchter gestellt, dass wir alle uns von diesem Licht erleuchten und entzünden, das heißt auf den Weg der Heiligkeit führen lassen. Worauf kommt es dabei an?

**In einem Wort** an die Familienschwestern sagt uns der selige Rupert Mayer, worin ein heiliges Leben besteht, und verrät uns damit das Geheimnis seines eigenen Lebens, wie er selbst heilig geworden ist: »Niemand kann sagen: Heiligkeit ist zu hoch für mich. Es gehören dazu keine auffallenden Heldentaten, kein besonderes Lebensalter, keine bestimmten Verhältnisse und kein todernstes Gesicht. Nach außen merkt man gar nichts; freilich mit der Zeit wird es durchdringen. Gott im Herzen und Gott vor Augen, in diesem Wort liegt der Schlüssel zur Heiligkeit ... Heilig werden müssen wir alle.«

## Hingegeben an Gottes Willen

»Gott im Herzen und Gott vor Augen«, so hat Pater Rupert Mayer gelebt. So ist er heilig geworden. Was Gott ihm war, zeigt uns sein Lieblingsgebet, das er immer wieder gebetet und das ihn geformt hat:

Herr, wie Du willst, soll mir gescheh'n,
und wie Du willst, so will ich geh'n,
hilf Deinen Willen nur versteh'n.

Herr, wann Du willst, dann ist es Zeit,
und wann Du willst, bin ich bereit,
heut und in alle Ewigkeit.

Herr, was Du willst, das nehm' ich hin,
und was Du willst, ist mir Gewinn,
genug, dass ich Dein eigen bin.

Herr, weil Du's willst, drum ist es gut,
und weil Du's willst, drum hab ich Mut,
mein Herz in Deinen Händen ruht.

**Oder denken wir** an das bewegende Wort, das er aus dem Konzentrationslager an seine betagte Mutter schreibt und das wir uns gar nicht oft genug in Erinnerung rufen können: »Jetzt habe ich wirklich nichts und niemand mehr als den lieben Gott. Und das ist genug, ja übergenug. Wenn die Menschen das doch einsehen wollten – es gäbe viel mehr Glückliche auf Erden.«

**Rupert Mayer war** glücklich, auch noch im Konzentrationslager, weil er sich von Gott geliebt wusste: »Gott liebt uns. Das ist keine Phantasie, sondern die reine Wirklichkeit. Wenn wir das ruhig auf uns wirken lassen, durchkosten, dann werden wir ob solcher Liebe aufs tiefste erschüttert und vielleicht zu Tränen gerührt werden.« Das sagt ein Mann, der nicht an Rührseligkeit litt, sondern »Gott im Herzen und Gott vor Augen« hatte. Er wusste um Gott und seine Liebe. Darum war es für ihn selbstverständlich, um Gottes willen auch zu leiden, ja das Martyrium zu erdulden. Dazu war er bereit.

**»Gott im Herzen** und Gott vor Augen«, wer so lebt, lebt aus der Quelle der Heiligkeit. Im zweiten Hochgebet der heiligen Messe beten wir: »Großer Gott, du bist der Quell aller Heiligkeit.« Diesen Quell aller Heiligkeit und allen Heils trug der selige Rupert Mayer in seinem Herzen. Darum war er trotz seiner Verwundung, trotz seiner Schmerzen und seiner schwachen Gesundheit ein von innen heraus heiler Mensch. Segen und Heil gingen von ihm auf unzählige Menschen aus. Weil er Gott in seinem Herzen trug, ist er selbst eine Quelle des Heils für viele geworden. Denn Heil kommt vom Heiligen.

## Aus der Verbindung mit Gott leben

»Gott im Herzen und Gott vor Augen«, das hat der selige Rupert Mayer gelebt. Und das ist die wichtigste Botschaft für unsere Welt heute. Wir leben in einer anonymen Atmosphäre der Gleichgültigkeit, in der die Übergänge vom Glauben zum Unglauben oft lautlos und fast unbemerkt vor sich gehen. Ist der seit Jahren anhaltende Rückgang der Kirchenbesucher nicht ein Symptom dafür; oder die seit einiger Zeit immer stärker werdende Aushöhlung der Sonntage und unserer christlichen Feiertage? Man hat festgestellt, dass für viele Kinder in der Grundschule Gott, Jesus Christus und Kirche Fremdwörter sind, mit denen sie nichts anfangen können. Wie viele fragen heute noch in der Gestaltung ihres Lebens nach dem Willen Gottes? Fragen wir uns doch selbst, inwieweit wir bereit sind, mit Rupert Mayer zu beten: »Herr, wie Du willst, soll mir gescheh'n, und wie Du willst, so will ich geh'n.«

**Wenn Gott in** unserem Leben nicht den Platz einnimmt, der ihm gebührt, treten an seine Stelle Götzen, und an die Stelle des Friedens, den er schenkt, tritt die äußere Betriebsamkeit, die unser Herz stumpf macht. Die vielen kleinen Fragen nehmen uns dann so in Beschlag, dass die große Frage nach Gott verstummt, welche die Frage nach Leben und Tod ist. So wird Gott totgeschwiegen. Das erleben wir heute. Gut gehen kann das nicht. Denn das führt in Sackgassen.

**Während der Nöte** des letzten Krieges, als die Völker aufeinander einschlugen, schrieb Rupert Mayer in Ettal die Worte nieder: »Die Völker haben sich mehr und mehr von Gott praktisch losgesagt. Nun sieht man klar, in welche Sackgasse die Menschen geraten sind! Man weiß nicht mehr, wo ein und wo aus. Wer Augen hat, der sieht deutlich, dass es ohne Gott einfach nicht geht.« Was unser Seliger damals niederschrieb, gilt heute genauso. »Wer Augen hat, der sieht deutlich, dass es ohne Gott einfach nicht geht.« Haben wir Augen, die das sehen?

**Wir müssen »Gott** im Herzen und Gott vor Augen« haben. Dann kommt unser Verhältnis zu Gott in Ordnung. Dann gelingt es auch, das Verhältnis der Völker und der einzelnen Menschen zueinander zu heilen und das Verhältnis zur Umwelt wieder in Ordnung zu bringen und die Ordnung zu halten. Heil kommt vom Heiligen. Darum: »Gott im Herzen und Gott vor Augen«.

**Das gilt besonders** für die Erneuerung der Kirche, auch der Kirche von München und Freising. Mit der Heiligkeit steht und fällt die Erneuerung, derer wir dringend bedürfen. Auf der außerordentlichen Bischofssynode 1985 stellten wir Bischöfe im Schlussdoku-

*Die Seligen Kaspar Stanggassinger, Rupert Mayer und Maria Theresia von Jesu Gerhardinger. Bronzereliefs von Josef Alexander Henselmann in der Münchener Frauenkirche, 1998*

ment fest: »In für die ganze Kirchengeschichte überaus schwierigen Situationen waren stets heilige Männer und Frauen Quelle und Ursprung für eine Erneuerung. Heute brauchen wir dringend Heilige, um die wir Gott bitten müssen« (Kirche unter dem Wort Gottes feiert Christi Geheimnisse zum Heil der Welt, II A 4). In Rupert Mayer ist uns ein Heiliger geschenkt worden. Warum wurde er uns geschenkt? Damit wir auf ihn schauen, uns von seinem Feuer anstecken lassen, seinem Beispiel folgen und selbst den Weg der Heiligkeit beschreiten. Mit Sitzungen, Papieren, Aktionen, Programmen wird die Kirche nicht erneuert, mag das alles noch so gut gemeint sein. Das Herzstück der kirchlichen Erneuerung ist unsere eigene Erneuerung, unsere Heiligung.

## Verborgene Heiligkeit in der Münze des Alltäglichen

Das geschieht, wenn wir leben wie Rupert Mayer: »Gott im Herzen und Gott vor Augen«. Damit gilt es Ernst zu machen. Halbheit zerstört. Wir brauchen ganze Christen. Es gibt einen Spruch, der lautet: »Ein Ganzer ist mehr als zwanzig Halbe«. Der selige Rupert Mayer war ein Ganzer, und er war nicht nur mehr als zwanzig Halbe, er war viel mehr als 200, ja 2000 Halbe. In seinem Widerstand gegen die nationalsozialistische Diktatur hat sich das deutlich gezeigt.

**Wenn wir alle** aufgerufen sind, heilig zu werden, ist damit nicht gemeint, dass wir alle einmal selig oder heilig gesprochen werden. Es werden immer nur einige wenige selig oder heilig gesprochen. Das aber geschieht unsertwegen, dass wir uns von ihrem Beispiel mitreißen lassen auf dem Weg eines heiligen Lebens. Es gibt auch heute unter uns Heilige, Väter und Mütter , die ihre Ehe heilig halten und ihre Kinder zu Gott führen; Alleinstehende, Männer und Frauen, Laien, Ordensleute und Priester, »die alles auf die Karte Gottes setzen«, wie Pater Rupert Mayer sich einmal ausdrückte; Menschen, die leben »Gott im Herzen und Gott vor Augen«. Das ist so, auch wenn man nach außen nichts merkt. Bei Rupert Mayer war das auch so. Am Abend nach der Beisetzung fragte der Ordensobere einen Mitbruder, der Rupert Mayer sehr nahe gestanden war: »Haben wir heute einen Heiligen beerdigt?« Nach einigem Zögern sagte dieser: »Ich glaube nicht.« »Warum nicht?« »Weil Pater Mayer so normal war.«

**So verborgen echte** Heiligkeit ist, sie strahlt doch auf geheimnisvolle Weise aus und wirkt erhellend, befreiend, heilend, wärmend. In der Heiligkeit der Menschen leuchtet ein Strahl von Gottes Heiligkeit auf. Dazu braucht es keine Propaganda. Es ist, wie der französische Philosoph Henri Bergson sagte: »Die Heiligen: sie brauchen bloß zu sein: ihr Dasein ruft bereits.«

**Auch das Dasein** unseres seligen Rupert Mayer ruft bereits, es ruft uns zur Nachfolge Christi, es ruft uns zur Heiligkeit, zu einem Leben »Gott im Herzen und Gott vor Augen«. Pater Rupert Mayer war nicht nur von 1912 bis 1945 Apostel Münchens, er ist es heute noch. Wie er damals die Menschen wachgerüttelt hat, dass sie nicht der gott- und menschenverachtenden Ideologie des Nationalsozialismus verfielen, so rüttelt er auch uns heute wach, dass wir dem süßen Gift der Gleichgültigkeit gegen Gott nicht zum Opfer fallen, sondern im Glauben erstarken und unser Leben erneuern. Die Erneuerung, sagt er, »muß eine Herzenserneuerung sein, eine Umwandlung des inneren Menschen«. Nur so erneuern wir uns, nur so erneuert sich unser Erzbistum, wenn wir nach seinem Vorbild auf dem Weg der Heiligkeit voranschreiten, »Gott im Herzen und Gott vor Augen«.

*Heilige und Selige des Erzbistums München und Freising. Glasfenster von Robert Rabolt in der Münchener Frauenkirche, 1965*

# Das Menschenbild Gottes – der Heilige

*Gerhard Ludwig Müller*
*Bischof von Regensburg*

Da die Getauften in Jesus Christus ein »neues Geschöpf werden« (2 Kor 5,17), spricht Paulus die Christen als »die Heiligen« an. Ihnen gilt der Imperativ: »Zieht den neuen Menschen an, der nach dem Bild Gottes geschaffen ist in wahrer Gerechtigkeit und Heiligkeit« (Eph 4,24). »Der Heilige Israels« (Jes 41,14; Ez 39,7) ist Gott, der Erlöser seines Volkes. In Jesus, dem »Heiligen Gottes« (Mk 1,24; Lk 4,34) ist den Berufenen der Eintritt in den Bereich der Königsherrschaft Gottes gewährt, die in der Taufe auf den Namen des Vaters, des Sohnes und des Heiligen Geistes (Mt 28,19) Teilnahme und Mitvollzug an seinem dreifaltigen Leben eröffnet. Darum beruht das Heiligsein derer, die sich auf den »Namen Jesu« (Apg 2,37 – 41), des Sohnes des Vaters und Gesalbten des Heiligen Geistes, taufen lassen, nicht auf ihren ethischen Leistungen, auf der Genialität tiefreligiösen Menschentums, auf psychosozialen Prozessen oder einer mystisch-magischen Einswerdung mit der »Natur«. Christlich gesehen entspringt die Heiligkeit des Menschen aus der Zuwendung des personalen Gottes zum Menschen, den er geschaffen hat und dessen Vollendung er ist, wenn er sich ihm als Liebe mitteilt. Zur Neuwerdung im Namen Jesu, der uns als der einzige Name gegeben ist, durch den wir selig werden können (Apg 4,12), gehört das Hinzugefügtwerden zur Gemeinschaft der an Christus Glaubenden, nämlich der Kirche, die das von der Einheit des Vaters, des Sohnes und des Heiligen Geistes geeinte Volk Gottes, Leib Christi und Tempel des Heiligen Geistes ist (Apg 2,41; 20,28; Cyprian von Karthago, De oratione Dominica 23; II. Vatikanisches Konzil, Lumen Gentium 4).

**Verehrung der Heiligen** im christlichen Kontext bezieht sich nicht auf höhere personifizierte Mächte (»die Götter der Heiden«), auf vergötterte Menschen (»die heidnischen Heroen«) oder auf Personen mit mysteriösem Kontakt zur höheren Welt (Gurus, Schamanen, Magier). Wenn Christen gedenkend und dankend aufschauen zu ihren Vorfahren im Glauben, die gleich ihnen Glieder am Leib Christi, der Kirche, sind, dann richten sie sich an ihre Brüder und Schwestern in Christus. Die Heiligen der Kirche sind nicht personifizierte und verabsolutierte »Mächte und Gewalten«, sondern Menschen mit einem menschlichen Antlitz, auf denen die Herrlichkeit Christi als die uns zugewandte Liebe und Nähe Gottes aufleuchtet. Die durch ihren Tod hindurch in Christus vollendeten Heiligen sind mit den Christen im Pilgerstand dieses irdischen Lebensweges in der Gnade verbunden, durch die sie in das Leben des dreifaltigen Gottes eingefügt worden sind und in der alle in der communio sanctorum verbunden sind. Die sancti sind verbunden durch die sancta der Taufe und der Eucharistie mit dem sanctus, dem allein heiligen Gott.

Die Verehrung der Heiligen ist nicht, wie die antikatholische Polemik der Reformation und des vernunftstolzen Kulturprotestantismus der liberalen Theologie glauben machen wollte, von außen in die christliche Frömmigkeit eingedrungen. Es handelt sich nicht um eine Verwässerung des klaren Monotheismus durch heidnisch-polytheistische Restbestände oder um die unbewusste Fortsetzung paganer Verhaltensmuster der christlich gewordenen Massen nach der Konstantinischen Wende oder um eine von der »Amtskirche« raffiniert gehandhabte Volkspädagogik. Angeblich sollen ungebildete Menschen zum reinen Monotheismus nicht fähig sein. Keineswegs hat das volksfromme Brauchtum, das mit der Germanenbekehrung und der christlich geprägten deutschen Kulturentwicklung entstanden ist, etwas zu tun mit einer Fortsetzung heidnischen Denkens und Agierens, wie es die »Germanentümelei« des Neuheidentums in der ersten Hälfte des 20. Jahrhunderts propagiert hat. Die Heiligenverehrung des christlichen Mittelalters bis in die Barockfrömmigkeit darf vielmehr als ein Beispiel gelungener Inkulturation gelten. Der Glaube ist bis in das Alltagsleben hinein zum alles prägenden und erhellenden Faktor geworden. Die bayerische Volksfrömmigkeit hat nichts Aufgesetztes an sich. Sie ist ein Beispiel gelungener Inkarnation. Hier ist Jesus Christus wirklich zu Hause: »Er kam in sein Eigentum ... und denen, die ihn aufnahmen, gab er Macht, Kinder Gottes zu werden, allen, die an seinen Namen glauben« (Joh 1,12).

Wenn man ohne Vorurteile die Entstehungsgeschichte der Heiligenverehrung von den biblischen Anfängen bis zur endgültigen Ausbildung nach dogmatischem Inhalt und liturgischer Formgebung um die Mitte des 3. christlichen Jahrhunderts nachvollzieht, dann zeigt sich, dass nur eine spontane Erfassung des Zusammenhangs wesentlicher Ansichten von Gott, Jesus Christus, Gnade und kirchlicher Heilsgemeinschaft eine gleichgerichtete Entwicklung in Ost und West in Gang bringen konnte. Entscheidend ist das Verhältnis zu Gott, der als der Schöpfer bekannt wird, der den Menschen zur

*Die Patrone des Freisinger Doms: Maria, hl. Korbinian (links) und Sigismund. Kolorierter Holzschnitt im Freisinger Missale des Bischofs Sixtus von Tannberg, gedruckt in Freising 1487*

Gottunmittelbarkeit befähigt, ihn erlöst von den »Zwängen und Gewalten des Kosmos«, der politisch-totalitären Herrschaft, dem blinden Schicksal der Naturgewalten etc. Eine theozentrische Sicht der Wirklichkeit, in der wir stehen, lehrt uns, dass wir berufen sind zur »Freiheit und Herrlichkeit der Kinder Gottes« (Röm 8,21).

**Diejenigen, die durch** den Glauben an Christus den inneren und äußeren Mächten der Selbstzerstörung entkommen sind, haben den alten Menschen mit seinen Taten abgelegt und sind zu einem neuen Menschen geworden, der nach dem Bild seines Schöpfers erneuert wird, um ihn zu erkennen. Denjenigen, die »mit Christus in Gott leben«, gilt: »Ihr seid von Gott geliebt, seid seine auserwählten Heiligen« (Kol 3,11 – 12). Aus der neuen Sicht der Welt als Schöpfung Gottes und aus der unverlierbaren Gemeinschaft des Menschen mit Gott in der Menschwerdung des Sohnes des ewigen Vaters und der endzeitlichen Ausgießung des Geistes beider in unsere Herzen (Röm 5,5) ergibt sich ein neues Menschenbild: Der Mensch ist Person, der seine in der Freiheit konzentrierte Geistnatur auf den transzendenten Gott hin vollzieht, der uns in der Immanenz des Menschen Jesus von Nazaret und der Gemeinschaft seiner Jünger, der Kirche, real, konkret, leibhaftig, gemeinschaftlich und geschichtlich begegnet. Bei der Heiligenverehrung, in der »der endzeitliche Charakter der pilgernden Kirche und ihre Einheit mit der himmlischen Kirche« (Lumen Gentium, 7. Kapitel) zum Ausdruck kommt, handelt es sich um ein spezifisch christliches Phänomen und nicht um eine christlich drapierte Heldenverehrung, wie sie die großen totalitären Ideologien der drei letzten Jahrhunderte, auch mit gezielt antichristlicher Zielsetzung praktiziert haben.

**Dass eine religiöse** Tradition ihre großen Persönlichkeiten im Gedächtnis behält, sich in ihren Absichten wiedererkennt oder in Krisenzeiten an ihrem Beispiel aufrichtet, ist gewiss nichts Ungewöhnliches. In der christlichen Beziehung zu den großen Gestalten der Heils- und Kirchengeschichte, den Propheten, Aposteln, Märtyrern, Asketen, Bekennern, heiligen Bischöfen, Ordensgründern und zu Maria, der Mutter des Herrn (Lk 1,43), kommt hingegen ein ganz eigenartiges Moment zum Ausdruck, das mit dem zentralen Akt des christlichen Glaubens zu tun hat, nämlich der umfassenden Hingabe der geschaffenen Person an Gott als Ursprung und Ziel des Menschen. Der Beter erkennt in Jesus Christus, dem menschgewordenen ewigen Wort des Vaters und in seiner Gabe, dem Heiligen Geist, Gott selbst als den, der sich zu seiner Mitte und zu seinem Lebensprinzip gemacht hat (Gal 2,20; Phil 1,2 1; Röm 5,5). So steht der Mensch nicht mehr nur Gott gegenüber und Gott kommt ihm nicht nur näher. Dass Gott mit seiner Macht, seiner Güte und Liebe, die er selber ist, den Menschen durchdringen will, ihn seinem ewigen seligen Leben anverwandeln will und so *heilig* macht, gibt erst der christlichen Religion und dem christlichen Menschenbild den unverwechselbaren Akzent.

**Der Mensch als** geistiges und freies Geschöpf kann nicht nur passiv vor Gott stehen und nur Empfänger sein wollen. Alles von Gott allein begonnene Wirken zielt darauf, dass der Mensch in Christus zu einem Bild Gottes wird. Die höchste Angleichung an Gott ist aber erreicht, wenn der Mensch nicht nur Gottes Güte empfängt, sondern sie auch weiterschenkt, wenn er so zu einem Kooperator Gottes wird (1 Kor 3,9; 2 Tim 2,15). Dies ist freilich kein äußerer Zusatz zu Gottes Wirken. Gott will vielmehr die Mitteilung seiner Liebe auch durch die Liebe, die die Menschen von ihm empfangen haben, weitergeben, damit die soziale Seite seiner Heilsgegenwart deutlich bleibt: »Wer an mich glaubt, wird die Werke, die ich vollbringe, auch vollbringen, und er wird noch größere vollbringen, denn ich gehe zum Vater« (Joh 14,12).

**Dabei erfüllt Gott** allein alle Bitten, aber so, dass er Gebet und Fürbitte, wodurch die freien Geschöpfe mit ihm verbunden sind, als Mittel und endliche Ursachen aufgreift, um dadurch seinen Heilsplan auszuführen. Jede Fürbitte eines vollendeten Heiligen bei Gott hat darum nicht den Sinn, Gott erst zu informieren über das, was den Beter bewegt. Der Beter spricht den Heiligen, an den er sich wendet, auch nicht darum an, dass dieser so lange werbend auf Gott einredet, bis Gott sich einer Angelegenheit annimmt, die ihm bislang noch gleichgültig war oder fern lag. Gott kann auch nicht zu etwas bewegt werden, was er vorher nicht oder so nicht gewollt hat. Gebet zu den Heiligen kann also nicht ein Einfluss auf einen Menschen in Gott sein, dass er seine besseren Beziehungen spielen lassen soll. Denn wir beten ja nicht Gottes wegen, sondern immer unseretwegen, damit wir uns öffnen und disponieren für den Willen Gottes, der mit unserem Heil identisch ist. Je mehr ein Mensch aber mit Gott vereint ist, d. h. je tiefer er von Gottes Heiligkeit endgültig durchformt ist, desto mehr geht auch seine Güte und Liebe zu den Brüdern und Schwestern konform mit der Güte Gottes, der sich uns als Mitte unseres Lebens zu eigen geben will.

**Von daher wird** der Christ die Idee der Patronate der Heiligen nicht in ihrer Karikatur aufnehmen, als ob die Einheit der göttlichen Heilsvorsehung in einzelne Zuständigkeitsbereiche aufgeteilt gedacht wäre. Die Beziehung der Heiligen auf bestimmte Formen der Spiritualität, auf einzelne Probleme und Nöte des Lebens hat lediglich subjektive Bedeutung. Es können sich Wahlverwandtschaften einzelner Christen oder Gemeinschaften bilden, insofern ein einzelner Heiliger eine bestimmte Seite des Christlichen zu einer überzeugenden Darstellung gebracht hat, die nun schöpferisch umgesetzt wird in die Gestaltung des eigenen Weges zu Gott. So sind die Heiligen »bleibende Vorbilder des christlichen Lebens, als solche, in welchen sich Christus ausgeprägt hat, in welchen er sich auf tausendfache Weise reflektiert, den ganzen Umfang der durch ihn möglich gewordenen Tugenden zur lebendigsten Anschauung bringt und als Muster für alle Lebensverhältnisse aufgestellt hat« (Johann Adam Möhler, Symbolik § 52).

**Wir verehren also** die Heiligen, nicht weil wir neben Gott weitere Gegenstände der Andacht brauchen oder weil sie uns als Menschen näher stehen als Gott – wer könnte uns näher sein als der Schöpfer und der Erlöser, dessen Güte und Menschenfreundlichkeit erschienen ist in Jesus Christus (Tit 3,4) – sondern weil sich in ihnen Gottes Gegenwart in der Welt in Personen sichtbar macht und weil in Jesus Christus, dem Gott-Menschen, Gott und Mensch und die Menschen untereinander durch das eine Band der Vollkommenheit, die Liebe, verbunden sind (Kol 3,14).

**Der Christ ehrt** die Heiligen darum, weil Gott selbst die ehrt, die ihm dienen (Joh 12,26). Denn der Mensch kann nicht durch irgendeine Gabe Gott die Ehre geben. Die Ehre Gottes in der Schöpfung ist vielmehr der Mensch selbst, der Gottes Leben und Liebe in sich aufnimmt: »Gott braucht keine unterwürfigen Menschen; seinerseits gibt er aber denen, die ihm folgen und dienen, Leben, Unverweslichkeit und ewige Herrlichkeit ... So wenig Gott jemanden braucht, so sehr braucht der Mensch die Gemeinschaft mit Gott. Der Ruhm des Menschen ist es, im Dienst Gottes zu bleiben« (Irenäus von Lyon, Gegen die Häresien IV 14,1). Wegen der inneren Durchformung des Glaubenden durch die Gegenwart Gottes allein kann der Christ in den schon vollendeten Brüdern und Schwestern Gott ehren und sie in Gott verehren.

**Das II. Vatikanische** Konzil hat im 7. Kapitel der Kirchenkonstitution das fürbittende Gebet der pilgernden Kirche für die Verstorbenen und die Bitte um das Gebet der vollendeten Heiligen für uns integriert in die eschatologische Sicht der Kirche, die bestimmt ist durch den Aspekt ihrer Einheit mit der himmlischen Kirche. Die Heiligenverehrung wird auch aus ihrer Isolierung herausgenommen. Sie ist nur zu verstehen und zu praktizieren im Geheimnis Christi und der Kirche. Die vier wesentlichen Aspekte werden hervorgehoben (Lumen Gentium 50):

**»Wenn wir nämlich** auf das Leben der treuen Nachfolger Christi schauen, erhalten wir neuen Antrieb, die künftige Stadt zu suchen (vgl. Hebr 13,14 und 11,10). Zugleich werden wir einen ganz verlässlichen Weg gewiesen, wie wir, jeder nach seinem Stand und seinen eigenen Lebensverhältnissen, durch die irdischen Wechselfälle hindurch zur vollkommenen Vereinigung mit Christus, nämlich zur Heiligkeit, kommen können. Im Leben derer, die, zwar Schicksalsgenossen unserer Menschlichkeit, dennoch vollkommener dem Bilde Christi gleichgestaltet werden (vgl. 2 Kor 3,18), zeigt Gott den Menschen in lebendiger Weise seine Gegenwart und sein Antlitz. In ihnen redet er selbst zu uns, gibt er uns ein Zeichen seines Reiches, zu dem wir, mit einer so großen Bezeugung der

Wahrheit des Evangeliums, mächtig hingezogen werden.

**Aber nicht bloß** um des Beispiels willen begehen wir das Gedächtnis der Heiligen, sondern mehr noch, damit die Einheit der ganzen Kirche durch die Übung der brüderlichen Liebe im Geiste gestärkt werde (vgl. Eph 4, 1 – 6). Denn wie die christliche Gemeinschaft unter den Erdenpilgern uns näher zu Christus bringt, so verbindet auch die Gemeinschaft mit den Heiligen uns mit Christus, von dem als Quelle und Haupt jegliche Gnade und das Leben des Gottesvolkes selbst ausgehen. So ziemt es sich also durchaus, diese Freunde und Miterben Christi, unsere Brüder und besonderen Wohltäter, zu lieben, Gott für sie den schuldigen Dank abzustatten, ‚sie Hilfe suchend anzurufen und zu ihrem Gebet, zu ihrer mächtigen Hilfe Zuflucht zu nehmen, um Wohltaten zu erflehen von Gott durch seinen Sohn Jesus Christus, der allein unser Erlöser und Retter ist'. Jedes echte Zeugnis unserer Liebe zu den Heiligen zielt nämlich seiner Natur nach letztlich auf Christus, der ‚die Krone aller Heiligen' ist, und durch ihn auf Gott, der wunderbar in seinen Heiligen ist und in ihnen verherrlicht wird.

**Auf vornehmste Weise** wird aber unsere Einheit mit der himmlischen Kirche verwirklicht, in der die Kraft des Heiligen Geistes durch die sakramentalen Zeichen auf uns einwirkt, das Lob der göttlichen Majestät in gemeinsamem Jubel zu feiern. So verherrlichen wir alle, die im Blute Christi aus allen Stämmen, Sprachen, Völkern und Nationen erkauft (vgl. Offb 5,9) und zur einen Kirche versammelt sind, in dem einen Lobgesang den einen und dreifaltigen Gott.«

*Verherrlichung des hl. Korbinian, mit den Heiligen Sigismund (links), Nonnosus und Justinus (unten), Papst Alexander I. und Bischof Lantbert von Freising (rechts). Deckenfresko von Cosmas Damian Asam im Freisinger Dom, 1723/24*

# Heilige und Selige im Erzbistum München und Freising

# Hl. Johannes Nepomuk Neumann

## Bischof, Glaubensbote

### *5. Januar*

Johannes Nepomuk Neumann, geboren 1811, entstammte einer tiefgläubigen Bürgerfamilie im böhmischen Prachatitz im heutigen Tschechien. Nach Jahren am Gymnasium und Lyzeum in Budweis trat er dort 1831 nach längerer Unschlüssigkeit in das Priesterseminar ein. Nach Abschluss des ersten theologischen Jahres erhielt er – wie seinerzeit üblich – zusammen mit den vier niederen Weihen die Tonsur, 1834 wechselte er den Studienort und ging nach Prag. Hier konnte Neumann im folgenden Jahr dann zwar seine Studien abschließen, er wurde aber nicht geweiht, denn in der Diözese herrschte ein erheblicher Priesterüberschuss.

**Bereits zuvor hatte** sich Johannes Nepomuk Neumann mit dem Gedanken der Mission auseinander gesetzt, schon während seiner Studien hatte er neben den alten Sprachen Hebräisch, Griechisch und Latein auch Italienisch, Französisch, Tschechisch und schließlich auch Englisch gelernt. Dies war Voraussetzung für einen Einsatz fern der Heimat. Als er in Budweis erfuhr, dass man in den Vereinigten Staaten dringend Theologen für den Seelsorgsdienst suchte, stand sein Entschluss fest, die Heimat zu verlassen und nach Amerika zu gehen. Nach einigen Schwierigkeiten – der Heimatbischof war, obwohl er ihm keine Stellung bieten konnte, nicht bereit, ihn aus der Diözese zu entlassen, das Reisegeld und die erforderlichen Pässe konnten nur mühsam aufgebracht werden – gelangt der junge Theologe über München, Straßburg und Paris nach Le Havre, von dort erreichte er nach vierzigtägiger Überfahrt New York. Hier wurde er am 25. Juni 1836 von Bischof Dubois zum Priester geweiht, am Folgetag feierte er seine Primiz.

**Seine erste Aufgabe** war die eines Missionars unter den Siedlern in der Gegend der Niagarafälle bei Buffalo im Nordosten der USA. In einem Gebiet mit einem Radius von annähernd 50 Kilometern lebten hier etwa 400 Familien, darunter etwa 300 Deutsche.

## Brauchtum und Verehrung

Außer in den USA wird Johannes Nepomuk Neumann vor allem unter den Sudetendeutschen seiner böhmischen Heimat verehrt. Besonders gedenken auch die Armen Schulschwestern ihres Förderers. Nach langen Bemühungen seiner Anhänger wurde er am 13. Oktober 1963 zunächst selig, am 19. Juni 1977 durch Papst Paul VI. in Rom heilig gesprochen.

## Darstellung, Attribute, Patronate

Als Brückenbauer in die neue Welt wird der heilige Johann Nepomuk Neumann immer wieder im Dienste der Versöhnung zwischen den Völkern angerufen. Aber auch bei ganz persönlichen Nöten wie Hunger, Krankheit oder Einsamkeit vertrauen die Menschen vielfach auf seine Fürsprache. Er wird zumeist mit der Bibel in der Hand dargestellt.

Unermüdlich war er im Seelsorgseinsatz, baute Kirchen und Kapellen und sorgte sich besonders um die Schulbildung der Kinder. Nach einem gesundheitlichen Zusammenbruch trat er 1840 in den Redemptoristenorden ein, allerdings ohne damit kontemplativen Rückzug zu verbinden. In den vierziger Jahren war Neumann zusammen mit einem Mitbruder für die Pfarrei St. Alfons in Baltimore verantwortlich, ihre 4000 Seelen lebten zum Teil weit verstreut, 10 Außenstationen gehörten zur Pfarrei. Nachdem die Redemptoristen 1847 eine gewisse Selbständigkeit von der europäischen Provinz erhalten hatten, wurde Neumann erster Vizeprovinzial des Ordens in den USA. Er gründete neue Niederlassungen und gab einen Katechismus heraus.

**Am 1. Februar 1852** wurde Neumann von Papst Pius IX. zum Bischof von Philadelphia ernannt, er wählte das Wort »Passio Christi conforta me« (Leiden Christi, stärke mich) zum Wappenspruch. Das neue Amt war mit zahlreichen Schwierigkeiten verbunden: In der Diözese Philadelphia herrschte nicht nur großer Priestermangel, es fehlten auch die Kirchen – zunächst gab es noch nicht einmal eine Bischofskirche. Vor allem aber fehlte es an Schulen. All dies wurde von Neumann vordringlich in Angriff genommen; allein 1853 wurden 20 neue Kirchen gebaut, der Bau einer Kathedrale begonnen, neue Schulen wurden gegründet. Hatte es bei Amtsantritt Neumanns in der Diözese nur zwei Pfarrschulen gegeben, so waren es bei seinem Tod acht Jahre später über einhundert. Besonders setzte er dabei auf den Orden der Armen Schulschwestern, der sich dank seiner Unterstützung rasch in Amerika verbreitete. Auf Ruf des Papstes reiste er im Oktober 1854 nach Rom. Dort wurde er von Pius IX., der ihn zum päpstlichen Thronassistenten ernannte, in Audienz empfangen. Zusammen mit fünfzigtausend Gläubigen, Bischöfen und Kardinälen feierte man die Verkündigung des Dogmas der ohne Erbsünde empfangenen Jungfrau Maria. Anschließend reiste Neumann über Loreto, Venedig, Graz, Wien und Prag in seine Heimatstadt Prachatitz, wo er feierlich empfangen wurde. Im März des Jahres 1855 traf er bereits wieder in Philadelphia ein. Die letzten Jahre des Oberhirten waren von Sorgen um die finanzielle Situation seiner Diözese und der Auseinandersetzung mit den antikatholischen, nationalistischen Kräften in den USA geprägt.

**Seiner eigenen Gesundheit** gegenüber stets vollkommen rücksichtslos, brach Neumann am 5. Januar 1860 auf offener Straße tot zusammen. Erstaunlich bleibt angesichts seiner enormen Aufbauleistung, wie wenig selbstsicher und unangefochten er seinen Weg gegangen war. Liest man seine Tagebücher, wird man auf zahllose Stellen stoßen, die von Angst und Niedergeschlagenheit und dem Gefühl der Verlassenheit von Gott geprägt sind. Gleichwohl führten auch hier die Hoffnung und das immer erneuerte Vertrauen zu Gott weiter als die Furcht.

*Thomas Forstner*

Literatur

Johann Nepomuk Berger, Leben und Wirken des hochseligen Johannes Nepomuk Neumann aus der Kongregation des allerheiligsten Erlösers, Bischof von Philadelphia, New York 1883

N. Ferrante, San Giovanni Neumann C.SS.R., pioniere del Vangelo, vescovo di Filadelfia, Rom 1977

Herr Jesus Christus, du Heiland der Welt!
Sende den Einsamen, Heimatlosen und Verzweifelten einen guten Menschen, der ihnen Deine Liebe bezeugt.
Schaffe Frieden unter denen, die sich in Hass und Feindschaft gegenüber stehen, und lehre sie das Unrecht, das die Ursache ihrer Feindschaft ist, zu erkennen und durch Gerechtigkeit und vergebende Liebe zu überwinden.
Rufe alle, die von Menschenverachtung erfüllt sind, in Deiner Barmherzigkeit zu Besinnung und Umkehr.

Herr Jesus Christus, du Heiland der Welt!
Im Vertrauen auf die Fürsprache des heiligen Bischofs Johannes Nepomuk Neumann, den Du in die himmlische Herrlichkeit erhoben hast, empfehlen wir Dir unsere Anliegen und die Nöte der Welt, der Du lebst in alle Ewigkeit. Amen.

Nach einem Gebet der Ackermann-Gemeinde

# Hl. Valentin
## Bischof von Rätien

### *7. Januar*

Das Leben und Wirken Valentins lässt sich heute nicht mehr historisch sicher erschließen. Wir besitzen einige gesicherte Hinweise in den Quellen, um die sich Legenden bildeten: Die um 511 von Eugippius verfasste Lebensbeschreibung des heiligen Mönches Severin von Norikum, die »Vita Severini«, teilt mit, dass der Passauer Priester Lucillus am 7. Januar 480 einen Jahresgottesdienst für seinen »heiligen Abbas Valentin, den einstigen Bischof von Rätien« begehen werde. Man vermutet, dass Valentin Wanderbischof in der römischen Provinz Rätien (Raetia secunda) war und zeitweise auch in Passau wirkte (vermutlich zwischen 430 und 450). Ein fester Bischofssitz im spätrömischen Batavis (Passau) ist nicht überliefert. In der um 573 bis 576 verfassten »Vita s. Martini« des Venantius Fortunatus ist eine Valentinskirche bezeugt, deren Lage jedoch umstritten ist. Eventuell stand die Kirche zunächst auf der Brennerhöhe, dann in Mais bei Meran. Aus der »Vita Corbiniani« des Arbeo von Freising (764 – 783) wissen wir, dass Korbinian in Mais das Grab Valentins um 700 gesehen hatte. Auf der Rückreise von Rom nach Bayern war er von Herzog Grimoald von Freising (717 – 725) bei Meran festgehalten worden. Korbinian fand Gefallen an der Grabeskirche Valentins und soll den Wunsch geäußert haben, neben diesem bestattet zu werden, was auch geschah.

**Nachdem die Grenzburg** Mais bei Meran, die an bayerisches Terrain stieß, den Langobarden als Grablege zu unsicher schien, brachten sie den hl. Valentin nach Trient. Schließlich wurde er durch den bayerischen Agilolfinger-Herzog Tassilo III. (748 – 788), einen Schwiegersohn des Langobardenkönigs Desiderius, um 764 nach Passau überführt und in der dortigen Bischofskirche bestattet. Man vermutet als Hintergrund für diese Überführung eine bleibende Erinnerung an Valentin im Bistum Passau. Sicherlich dürfte auch das Fehlen einer Reliquie des Patrons des Passauer Domes, des hl. Ste-

*Holzbüste in der Filialkirche Altenhausen-St. Valentin, frühes 18. Jahrhundert*

## Brauchtum und Verehrung

Ausgehend von der Verehrung Valentins in Südtirol breitete sich diese in ganz Tirol, wie auch in Vorarlberg und der östlichen Schweiz, aus. Neben dem heutigen Bistum Passau wird der hl. Valentin auch in vielen Gemeinden des ehemaligen großen Bistumsgebietes verehrt, besonders im Innviertel.

## Darstellung, Attribute, Patronate

Dargestellt wird Valentin als predigender Bischof, dem oft ein Krüppel oder Epileptiker zu Füßen liegt. Zu deren Patron wurde er wegen des Gleichklangs seines Namens mit der »fallenden Krankheit« (Epilepsie). Zudem vermutet man eine Verwechslung mit Valentin von Terni, der dieses Patronat innehatte. Angerufen wird er auch bei epidemischen Krankheiten, Kopfleiden und als Viehpatron.

phanus, ein Grund für die Translation des hl. Valentin gewesen sein. Bewusst sollte so vielleicht auch die kirchliche und politische Eigenständigkeit der Agilolfinger betont werden, die keine Reliquien aus dem Frankenreich anfordern wollten. Neben dem Hauptpatron des Bistums Passau, dem hl. Stephanus, wurde nun auch Valentin als Bistumspatron verehrt.

**Die wenigen Hinweise** auf das Leben und Wirken Valentins sollten durch eine von einem unbekannten Passauer Domkleriker um 1200 entstandene Vita (»Vita et translatio sancti Valentini«) ergänzt werden, die als ungeschichtlich bewertet wird. Sie stützt sich auf eine bei der angeblichen Auffindung des Grabes Valentins gefundene Bleitafel mit einer Lebensbeschreibung des Heiligen. Hiernach sei Valentin vom Ozean nach Passau gekommen und habe dort gepredigt. Da der Erfolg aufgrund der Wildheit der Bewohner gering gewesen sei, reiste er nach Rom und kehrte mit einer päpstlichen Vollmacht zurück, um die Passauer wiederum zu bekehren. Nachdem auch dieser Auftrag gescheitert war, erbat er sich vom Papst, der ihn nun zum Bischof weihte, einen anderen Tätigkeitsbereich für den Fall, dass auch die dritte Mission scheitern sollte. Nach dem dritten Misserfolg habe sich Valentin in die Alpen zurückgezogen. Hier habe er erfolgreich gewirkt und sei schließlich verstorben.

**In dieser Vita** finden sich verschiedene historische Unstimmigkeiten, so waren z. B. im 5. Jahrhundert die Passauer bereits Christen, so dass keine Missionierung mehr notwendig war. Motiv für die Abfassung der Vita war vielmehr das Anliegen, das wenige von Valentin Bekannte zu erweitern und somit seine Verehrung weiter zu fördern. Valentin wurde zum Hauptpatron der Diözese Passau, während der hl. Stephanus seine Vorrangstellung verlor, jedoch Patron der Bischofskirche blieb. Im Jahr 1289 wurden die Reliquien des Valentin zusammen mit denen des hl. Maximilian im Passauer Dom in prunkvollen Gräbern beigesetzt, die allerdings beim Stadtbrand 1662 vernichtet wurden. Die erhalten gebliebenen Teile der Reliquien befinden sich heute im Hochaltar des Domes.

**Nach der Translation** Valentins nach Passau sah auch der Freisinger Bischof Arbeo die Voraussetzung gegeben, Korbinian nach Freising zu überführen, wo dessen Verehrung gefördert wurde. Auch der hl. Valentin wurde mit einem Patrozinium geehrt. So stellte Bischof Arbeo in seinem Bistum 768 die Kirche in Kronacker unter den Schutz Valentins.

*Susanne Kornacker*

Literatur

Bistumspatrone in Deutschland 149 – 153 (August Leidl)
Bavaria Sancta II 9 – 21 (Josef Oswald)

Gott, unser Vater,
der heilige Valentin ist Deinem
Sohn Jesus Christus nachgefolgt
und hat im Heiligen Geist
die Botschaft vom Reich Gottes
gelebt und verkündet.
Mit all seiner Kraft hat er Dich
gegen das Gottlose gestellt,
mit all seiner Liebe hat er mit Deinen
Augen auf die Menschen geschaut.
Gib uns die Kraft,
die Menschen, die uns im Glauben
nicht verstehen, zu lieben
und ihnen die Botschaft, die uns bewegt,
bekenntnisfroh vorzuleben.
Schenke uns die Standhaftigkeit
des heiligen Valentin,
gegenüber den übermächtigen
menschen- und schöpfungsfeindlichen
Gedanken unserer Zeit
für die Botschaft Deiner Zärtlichkeit
und Liebe einzustehen.
Der heilige Valentin ging dorthin,
wohin Du ihn gerufen hast.
Lass uns dort, wo wir leben,
segensreiche Zeugen und Zeuginnen
deiner Gegenwart sein.
Darum bitten wir Dich, Vater im Himmel,
durch Jesus Christus im Heiligen Geist.
Amen.

Heiliger Valentin, bitte für uns!

Gebet von Domvikar Hans Bauernfeind, Passau, 2002

# Hl. Alto
## Abt, Glaubensbote

### *9. Februar*

Im Westen des Siedlungsgebiets der Bajuwaren nahe Dachau lebte um die Mitte des 8. Jahrhunderts der Einsiedler Alto, der wohl aus einer angesehenen Familie des bajuwarischen Hochadels stammte. Auch Alto wurde nicht nur bereits zu Lebzeiten, sondern weit über seinen Tod hinaus (um 760) so geschätzt, dass seine lebendige und fortwährende Verehrung zur Gründung eines Klosters führte. Dieses Kloster Altomünster trägt den Namen des Heiligen und bewahrt dessen Grab. In einem Freisinger Missale des 10. Jahrhunderts wird das Fest Altos zum ersten Mal verzeichnet. Im Kloster Altomünster wirkten vermutlich seit dem 10. Jahrhundert zunächst Benediktiner-Mönche, dann Benediktinerinnen und seit 1497 bis heute Nonnen des Birgittinnen-Ordens.

**Nach neueren Forschungen** ist Alto identisch ist mit jenem Einsiedler Alto, der seine Unterschrift unter eine undatierte Urkunde setzte: »Signum Altoni reclausi« (Unterschrift des Einsiedlers Alto). Dieses Dokument bestätigt die Schenkung von Grundbesitz eines Adeligen aus Mammendorf an die Kirche zu Puch im heutigen Landkreis Fürstenfeldbruck. Altos »Signum« findet sich vor den Unterschriften des Schenkers und zahlreicher Geistlicher – ein Hinweis auf die herausgehobene Stellung Altos.

**Hingegen gibt es** keine Belege für die traditionelle Ansicht, dass Alto Mönch oder Abt eines von ihm gegründeten Klosters gewesen ist. Davon jedoch spricht die »Vita Sancti Altonis« des Benediktiners und Hagiographen Otloh (um 1010 bis nach 1070) aus dem Regensburger Kloster St. Emmeram. Otloh verfasste um 1056 die Vita des hl. Alto im Auftrag der Äbtissin des Benediktinerinnen-Klosters Altomünster, das erst seit 1056 bestand: In diesem Jahr nämlich wurden die Benediktinerinnen aus dem württembergischen Kloster Altdorf (heute Weingarten) nach Altomünster versetzt und suchten nach den Wurzeln ihres neuen Klosters, in

*Andachtsbild, 20. Jahrhundert*

## Brauchtum und Verehrung

Im Kloster Altomünster verehrt man die Hirnschale des Heiligen Alto als Reliquie. Jedes Jahr am Fest des Heiligen legt der Priester allen Gläubigen diese Hirnschale auf. Darüber hinaus wird auch jenes Messer bewahrt, mit dem Alto der Legende nach die Bäume des Waldes kennzeichnete.

## Darstellung, Attribute, Patronate

Entsprechend der legendenhaften Überlieferung wird Alto als Abt mit Stab genauso wie als Bischof in Pontifikalkleidung dargestellt. Dabei hält der Einsiedler meist ein Messer, mit dem er die Markierungen der Bäume in seinem Wald vornahm. Häufig trägt der Heilige zudem einen Kelch mit dem Jesuskind: so, wie es ihm während der Messfeier einst erschien.

dem bis dahin Benediktiner-Mönche aus Altdorf/Weingarten lebten.

**Otloh betont, dass** er keine schriftlichen Dokumente mehr für seine Arbeit nutzen konnte, weil die ehedem vorhandenen Quellen nun verschwunden wären. Dennoch verfasste Otloh die Vita des hl. Alto ebenso wie die Geschichte des Klosters bis zu seiner eigenen Gegenwart. Otloh zufolge stammte Alto aus einer schottischen Familie; sein Name sei später eingedeutscht worden. Nach Otloh erhielt Alto in einer Vision den Auftrag, gleich dem Vorbild Abrahams die Heimat zu verlassen, um zu missionieren: Alto begab sich auf die »peregrinatio propter christum«, auf die missionarische Wanderschaft um Jesu Christi willen. Alto kam nach Bayern und ließ sich hier in einem Wald nieder, den er sofort zu roden begann. Auf den tüchtigen Einsiedler aufmerksam geworden, erhielt Alto schließlich vom karolingischen König Pippin d. J. (†768), dem Vater Karls des Großen (747 – 814), einen Teil des Waldes als Geschenk. Diesem Beispiel folgten andere Reiche des Landes, so dass Alto bald über fruchtbares Ackerland und ansehnlichen Grundbesitz verfügte. Dadurch konnte Alto nicht nur Herbergen bauen, sondern auch ein Kloster gründen: »Monasterium Altonis«, das Kloster des Alto. Dieses Kloster wurde zur Heimat zahlreicher frommer Menschen, die wie Alto Christus nachfolgen wollten. In der Überlieferung Otloh war es Winfrid Bonifatius, der angelsächsische Glaubensbote und Apostel Deutschlands, der wiederum in einer Vision von dem neuen Kloster erfuhr, es aufsuchte und weihte. Entgegen dem Willen des Bonifatius, das Kloster nur für Männer zu benedizieren, setzte sich Alto erfolgreich gegen eine derartige Beschränkung durch. Lediglich die Quelle und der Brunnen neben der Kirche sollte den Männern vorbehalten bleiben. Über die folgenden Lebensjahre Altos merkt Otloh nur allgemein an, Alto habe ein vorbildliches heiligmäßiges Leben geführt. Gleichsam als Nachweis spricht Otloh davon, es hätten sich zahlreiche Wunder ereignet, ohne hierzu aber genauere Informtionen zu geben.

**Deshalb handelt es** sich bei den drei so genannten Alto-Wundern offenbar um Zuschreibungen aus späterer Zeit: Einmal fuhr Alto, weil es auf der Anhöhe an Wasser mangelte, mit seinem Stab in den Boden. Sogleich sprudelte klares Quellwasser hervor, das bis heute nie mehr versiegte (Brunnenwunder). Dieses Wasser durften aber, so Otloh, nur die Mönche nutzen. Um Kirche und Kloster bauen zu können, musste ein großer Teil des Waldes gerodet werden, in dem Alto lebte. Jene Bäume, die zu fällen waren, markierte Alto mit einem Messer, die dabei sofort zu Boden fielen (Rodungswunder). Ein anderes Mal stieg bei der Feier der Heiligen Messe das segnende Jesuskind aus dem Kelch hervor (Kelchwunder).

*Christiane Schwarz*

Literatur
Altomünster. Ein bayerisches Kloster in europäischer Sicht. Katalog zur Ausstellung im Münchner Stadtmuseum, München 1973
Wilhelm Liebhart (Hg.), Altomünster. Kloster, Markt und Gemeinde, Altomünster 1999

Dich, Sankt Alto, preisen wir,
Heil'ger Stifter, Glaubensstütze;
Kindlich flehen wir zu Dir:
Gnädig die Gemeinde schütze;
Milder Vater steh' uns bei,
Daß uns Gott barmherzig sei.

Arm zogst aus der Heimat Du,
Über Land und über Meere,
Eiltest unserm Bayern zu,
Predigend die heil'ge Lehre,
Nahmest hier im stillen Wald
Deinen frommen Aufenthalt.

Fürstengnade hat beschenkt
Hier Dein andachtsvolles Streben,
Wunderbar sich niedersenkt
Jeder Baum, der ward gegeben
Zu dem heil'gen Gottesbau,
Vöglein machen rein die Au.

Und ein klarer Quell ersprießt,
Wo Dein Stab es angedeutet,
Reicher Trost und Segen fließt,
Frommer Glaube sich verbreitet,
Wo Du wandelst, Heiliger,
Wundervoll Begnadigter.

Schirme, hoher Schutzpatron,
Alle, die auf Dich vertrauen,
Hilf, daß wir der Tugend Lohn,
Einst wie Du in Jesus schauen,
Führe treuer Glaubensheld,
Selig uns in jene Welt.

Amen. Amen. Amen.

Alto-Lied; Text: Ignaz Huber (1823 – 1893; Lehrer in Altomünster); Melodie: Leopold Schwaiger (Pfarrer in Altomünster 1926 – 1951)

# Hl. Kastulus
## Märtyrer

### *26. März*

Kastulus, der im dritten Jahrhundert nach Christi Geburt in Rom lebte, gehörte vermutlich der Schicht der römischen Freigelassenen an. Ehemals Angehöriger einer Sklavenfamilie, nahm er nun in der sozialen Hierarchie Roms eine gehobene Position ein. Sein Name, der vom lateinischen Wort »castus« (der Keusche) kommt, ist ein typischer Sklavenname und erinnert an diese Herkunft. Über seine genaue Stellung herrschen verschiedene Auffassungen. Nach dem Bericht des »Martyrologium Romanum« war er kaiserlicher Hoflieferant, andere Quellen bezeichnen ihn als Aufseher der kaiserlichen Zimmer oder als kaiserlichen Speisemeister (»zetarius palatii«) – Ämter, die üblicherweise mit Freigelassenen besetzt wurden. Unstrittig ist, dass er am Hof des Kaisers eine bedeutende Stellung innegehabt haben muss.

**Trotz dieser gehoben** Stellung in der heidnischen römischen Gesellschaft war Kastulus Christ, ein Bekenntnis, das er in der dem Christentum feindlichen Zeit der ersten drei Jahrhunderte nach Christi Geburt jedoch verbergen musste. Die Christen wurden verfolgt, da sie sich als Monotheisten weigerten, den althergebrachten Göttern zu opfern und somit eine Gesellschaftsordnung nicht mehr anerkannten, in der man das Wohlergehen des Imperiums stets auf die korrekte und fromme Verehrung der altrömischen Götter zurückgeführt hatte. Zu einer Zuspitzung der Auseinandersetzung kam es unter dem Reformkaiser Diokletian (284 – 305), der bestrebt war, das Reich unter der Beibehaltung altrömischer Tugenden zu reformieren. Er verfügte die Zerstörung christlicher Kirchen und Kultgeräte, ordnete ein Verbot der christlichen Versammlungen an und befahl zunächst den Klerikern, dann allen den Vollzug des Opfers in den staatlichen Kulten.

**Der Bericht in** den Märtyrerakten des hl. Sebastian erzählt, dass Kastulus zur Zeit der ärgsten Verfolgungen durch Diokletian dem Papst Caius den Vorschlag machte, die got-

*Schnitzfigur von Hans Leinberger im Hochaltar der Pfarrkirche Moosburg-St. Kastulus, um 1511 – 1514*

## Brauchtum und Verehrung

In Moosburg sind die Reliquien des Kastulus durch eine Bezeichnung des Klosterbesitzes als »territorium sancti Castuli« bereits zu Beginn des 9. Jahrhunderts indirekt bezeugt. Als Folge der vom bayerischen Herzog Wilhelm V. veranlassten Verlegung des Kollegiatstiftes St. Kastulus von Moosburg nach Landshut, kam der größte Teil der Reliquien im Jahr 1604 in die dortige St. Martinskirche.

## Darstellung, Attribute, Patronate

Das Attribut des Kastulus ist der Spaten, der daran erinnert, dass er lebendigen Leibes begraben worden ist. Auf vielen Darstellungen ist ihm auch die Palme als Zeichen des Märtyrers beigegeben. Der Heilige wurde vor allem zum Schutz vor Blitz und Pferdedieben angerufen.

tesdienstlichen Zusammenkünfte der Christen in seinem Haus unmittelbar im Bereich des kaiserlichen Palastes abzuhalten, weil man dort weniger Gefahr laufen würde, entdeckt zu werden. Darüber hinaus soll er, trotz der großen damit verbundenen Gefahren, auch selbst missionarisch tätig gewesen und mit seinem Freund Tiburtius durch die Straßen der Stadt gelaufen sein und durch die Kraft seiner Worte viele zum Christentum bekehrt haben.

**Von einem Mann** mit Namen Torquatus verraten, wurde Kastulus schließlich gefangen genommen und vor den Präfekten geführt. Da er sich als treuer Christ weigerte, vor dem Bild des Kaisers zu opfern, wurde er zunächst gefoltert, dann vor den Toren der Stadt in einer Sandgrube lebendig begraben. Dabei wird der genaue Zeitpunkt seines Martyriums wohl kaum wie überliefert mit dem Jahr 286 festzusetzen sein, da zu dieser Zeit keine Christenverfolgungen stattfanden. Die Verfolgungen des Diokletian begannen erst im Jahr 303.

**Die Verehrung des** Kastulus als Heiliger begann in Rom bereits in der Spätantike. Man gedachte seiner in der nach ihm benannten Kastulus-Katakombe an der Via Labicana. Im 8. Jahrhundert ist die Verehrung seiner Reliquien in Pavia in Oberitalien bezeugt. Von dort sind sie vermutlich kurze Zeit später auf Veranlassung des Abtes Reginpert in die noch junge Abtei in Moosburg überführt worden.

*Thomas Forstner*

### Literatur


Bibliotheca Sanctorum III 948–949 (Agostino Amore / Isa Belli Barsali)

Lexikon der christlichen Ikonographie I 480 (Martin Lechner)

*Kaiser Heinrich II. (1002 – 1024), Maria, Christus, der hl. Kastulus und Bischof Albert I. von Freising (1158 – 1184). Tympanon des Westportals der Pfarrkirche Moosburg-St. Kastulus, Anfang 13. Jahrhundert*

Gott unser Vater,
Herr des Himmels und der Erde,
du hast den heiligen Kastulus gelehrt,
deinem Dienst nichts vorzuziehen
und alles aufzugeben,
was der Liebe im Weg steht.
Schenke auch uns diese Liebe
und mache uns so fähig,
deine Zeugen zu sein.
Darum bitten wir durch Jesus Christus.

Nach dem Tagesgebet am Fest des hl. Kastulus

# Hl. Zeno
## Bischof von Verona

### *12. April*

Der Überlieferung nach wurde Zeno in der ersten Hälfte des 4. Jahrhunderts in Mauretanien im Norden Afrikas geboren, eine Region, die zu dieser Zeit als Provinz zum römischen Imperium gehörte. Seine genaue Herkunft liegt im Dunkeln. Auch wissen wir nicht, wann und auf welche Weise er zum christlichen Glauben fand. Nach einer Palästinareise wurde er als Nachfolger des Cricinus 362 zum Bischof von Verona gewählt.

**Zur Zeit Bischof** Zenos herrschten im römischen Reich die Kaiser Julian (361 – 363) und Valens (364 – 378). Julian, der später den Beinamen Apostata (»der Abtrünnige«) erhielt, führte noch einmal eine Blüte des Heidentums herbei und sagte dem Christentum den Kampf an. Im Jahr 362 erließ er ein Lehrverbot für die Christen. Diese Zeit war aber nicht nur vom christlichen Kampf gegen das wieder aufblühende Heidentum, sondern auch durch innerkirchliche Auseinandersetzungen geprägt. Vor allem die so genannten Arianer, welche die Auffassung von der Wesensgleichheit Christi mit Gottvater ablehnten und statt dessen nur eine Wesensähnlichkeit annahmen, prägten den theologischen Disput der Spätantike. Sowohl mit den Arianern als auch mit den Nichtchristen setzte sich Zeno, vor allem mittels der öffentlichen Predigt auseinander. Die Quellen berichten, dass er sich intensiv auf seine Predigten und Ansprachen vorbereitete. Dabei kam ihm gewiss seine gute Kenntnis der antiken Philosophen, Dichter und Rhetoriker zugute. So soll er auch Juden und Heiden in seinen Bann geschlagen haben und viele sollen unter dem Eindruck seiner kraftvollen Verkündigung zum Christenglauben übergetreten sein.

**Das starke Wachstum** der Gemeinden brachte aber auch Probleme mit sich. Nach dem Ende der Christenverfolgungen durch die römische Obrigkeit führten die Massenübertritte zum christlichen Glauben, der zeitweise beinahe so etwas wie eine Mo-

*Andachtsbild, um 1900*

## Brauchtum und Verehrung

Der hl. Korbinian von Freising gehörte zu den ersten Verehrern Zenos in unseren Landen. In Südtirol hat er ihm in Mais (heute Zenoberg bei Meran) eine Kirche errichten lassen. Seit dem 8. und frühen 9. Jahrhundert ist Zeno Patron der Kirchen von Isen und Reichenhall.

## Darstellung, Attribute, Patronate

Zeno wird als Bischof in Pontifikalkleidung mit Buch und Stab dargestellt. Hinzu kommen Angelrute und zwei Fische (im Unterschied zum hl. Ulrich, der zumeist nur mit einem Fisch dargestellt wird). Er wird zum Schutz vor Hochwasser und Überschwemmungen und allgemeinen, vom Wasser ausgehenden Gefahren angerufen.

deerscheinung geworden war, teilweise zur Verflachung und Entspiritualisierung des religiösen Lebens. Dem musste der Bischof als Oberhirte entgegentreten.

**Die Zeugnisse über** Zenos Leben berichten in typischer Weise von einer in Armut verbrachten und selbstloser Nächstenliebe geschuldeten Existenz. Was er geschenkt erhielt, soll er an Bedürftige weiter gegeben oder für die Mission verwendet haben. Seinen eigenen Lebensunterhalt bestritt er durch Fischfang an der Etsch, der Fisch wurde dann auch zu seinem Attribut. Hier soll er auch eines Tages einen Mann, der mit seinem Ochsengespann von den Fluten fortgerissen worden war, vor dem Ertrinken bewahrt haben. Bedeutsam ist das literarische Werk Zenos. 93 seiner Traktate sind erhalten, hiervon behandeln 16 verschiedene christliche Tugenden, bei den übrigen 77 handelt es sich um dogmatische und moralische Reden, die an verschiedene Bibelabschnitte anknüpfen. Zeno starb am 11. oder 12. April des Jahres 371 oder 372.

**Obwohl er in** vielen Martyrologien als Märtyrer aufgeführt ist, hat sich inzwischen die Auffassung durchgesetzt, dass Zeno nicht den Märtyrertod starb. Doch sein Grab in der Bischofskirche zu Verona wurde bald verehrt. In den 594 vollendeten »Dialogen« Gregors des Großen, geistlichen Werken über das Leben und die Wunder der italienischen Kirchenväter, ist hierzu auch folgender Wunderbericht erhalten: Bei einem starken Hochwasser der Etsch, durch welches das gesamte Stadtgebiet von Verona überflutet worden war, sollen die Fluten vor dem Portal der Kirche mit dem Grab des Heiligen halt gemacht haben: »Der ausgetretene Etschfluß bespülte bereits die Mauern der Kirche des seligen Märtyrers und Bischofs Zeno, doch drang das Wasser bei offenen Türen nicht in die Kirche selbst. Selbst als dasselbe so hoch stieg, daß es die nahe am Dache befindlichen Fenster erreichte, blieb es wie eine feste Mauer vor der Kirchentüre stehen. Im Innern befanden sich viele Leute, sie hatten aber wegen des Hochwassers rings um die Kirche keinen Ausgang. Schon fürchteten sie, verhungern oder verdursten zu müssen und stillten also den Durst mit dem vor der Kirchentüre befindlichen Wasser, das immer noch bis zur Fensterhöhe reichte, aber in die Kirche selbst durchaus nicht eindrang. Das Wasser ließ sich also wohl schöpfen, hatte aber die Eigenschaft des Zerfließens verloren. Es blieb vor der Türe stehen, um allen den Verdienst des Märtyrers zu zeigen, zugleich aber diente es zur Hilfe, indem es in die Kirche nicht eindrang, als ob es kein Wasser wäre« (Dialoge III 19). Der größte Teil der Reliquien Zenos ruht bis heute in der in dieser Wundererzählung beschriebenen Basilika di San Zenone in Verona.

*Thomas Forstner*

Literatur

Andreas Bigelmair, Zeno von Verona, Münster 1904
Herbert Vogel, Über die Anfänge des Zenokultes in Bayern, in: Beiträge zur altbayerischen Kirchengeschichte 27 (1973) 177 – 203
Bibliotheca Sanctorum XXII 1477 – 1479 (Agostino Amore)

O heil'ger Zeno, schaue in Lieb auf uns herab!
Patron der Heimatgaue, so reich an Wundergab!
Erfleh' uns Licht und Gnade für diese Erdenzeit,
bis enden unsre Pfade im Haus der Ewigkeit!

O Heil'ger Zeno, senke den Glauben wunderbar!
Die Hoffnung aller lenke zum himmlischen Altar!
Erbitt uns Lieb' und Treue, dass wächst der Heimat Glück!
Den Geist und Sinn erneure, zu Gott führ' uns zurück!

O heil'ger Zeno, führe uns durch der Zeiten Not!
Geleit' zur Himmelstüre uns hin, zum lieben Gott!
Wenn Glaub' und Sitte weichen, pflanz unsern Herzen ein
das heil'ge Kreuzeszeichen, es soll uns Stärke sein!

In diesen schweren Zeiten sei unser Hort und Schild!
Hilf uns're Seel' bereiten vor Deinem hehren Bild.
In unser'm Heiligtume bist Du als Schirm bestellt.
Beschütze Dir zum Ruhme dies Haus dem Herrn der Welt!

St. Zeno-Lied aus Isen

# Jahrestag der Weihe der Metropolitankirche

## *14. April*

Das Bistum Freising wurde 739 vom hl. Bonifatius gegründet und zählt daher zu den alten Diözesen in Bayern. Trotz dieser mehr als 1250-jährigen Geschichte hat das heutige Erzbistum München und Freising mit Abstand die jüngste Kathedrale Bayerns. Über 1000 Jahre lang war die Kathedra und damit der Mittelpunkt der Diözese auf dem Freisinger Domberg. Erst seit 1821 ist die Münchener Frauenkirche die Metropolitankirche.

**Seit der ersten** Erwähnung einer Kirche in der nördlichen Stadthälfte Münchens neben der ältesten Pfarrkirche der Stadt, St. Peter, hat sie das Patrozinium der Gottesmutter Maria. Die erste Marienkirche in München dürfte bald nach 1240 entstanden sein. Am 24. November 1271 wurde die Pfarrei Zu Unserer Lieben Frau an der Marienkirche errichtet. War in Freising stets der Bischof der Bauherr, so waren in München die Bürger und der Herzog bzw. Kurfürst als Bauherren tätig. Als Brückenschlag zwischen Freising und München kann dabei Jörg von Halspach verstanden werden. Er baute an beiden großen Marienkirchen des Bistums, in Freising und in München. Jörg von Halspach ersetzte im Auftrag des Freisinger Bischofs Sixtus von Tannberg 1481-1483 im Freisinger Dom die Holzdecke durch ein gemauertes Gewölbe. In München erhielt er den Auftrag zum Bau der gotischen Frauenkirche. Am 9. Februar 1468 erfolgte die Grundsteinlegung zum spätgotischen Neubau durch Herzog Sigismund. Das Selbstbewusstsein der aufblühenden Residenzstadt München sollte im Neubau der Frauenkirche ihren Ausdruck finden. Auf dem Grabstein des Baumeisters Jörg von Halspach ist zu lesen, dass er am 6. Oktober 1488 verstorben ist, und dass er den ersten, den mittleren und den letzten Stein an der Frauenkirche vollführt hat. 1488 bezieht sich sicherlich nur auf die Fertigstellung des Rohbaus der Frauenkirche, so dass in den Folgejahren mit Putz und anderweitiger Ausschmückung begonnen werden konnte. Ein Blick in die Urkunden zeigt, dass

auch während des Neubaus die Frauenkirche Pfarrkirche geblieben ist.

**Der Tag der** Kirchweihe der Frauenkirche, der 14. April 1494, ist nur aus einer einzigen Quelle zu belegen, die sich heute in der Bayerischen Staatsbibliothek befindet. Es handelt sich um ein gedrucktes Kalendarium des Mathematikers und Astronomen Regiomontanus mit den Sternkonstellationen von 1484 – 1506. An den Rand dieser Kalenderblätter schrieb ein Hofgeistlicher Herzog Albrechts IV. tagebuchartige Notizen. Darin heißt es: »Anno 1494, dem 14. April, am Montag, ist allhier in München die Kirch Zu Unserer Lieben Frau geweicht worden.« Wer sie geweiht hat, das sagt der Chronist allerdings nicht. Es handelte sich 1494 um die endgültige feierliche Konsekration der Kirche. Man hatte wahrscheinlich schon früher, zwischen 1488 und 1494, jede fertig gewordene Kapelle gleich benediziert, um dort zelebrieren zu können, wie dies für den Katharinenaltar bereits 1471 urkundlich belegt ist. Sicherlich blieb die Kirche nicht sechs Jahre, von 1488 bis 1494, ungeweiht und ungenutzt.

**Noch vor der** endgültigen Weihe der Frauenkirche errichtete Herzog Albrecht IV. dort ein Kollegiatstift Zu Unserer Lieben Frau, eine Weltpriestergemeinschaft, deren Mitglieder als Chorherren an der Frauenkirche lebten und dort auch bepfründet waren. Albrecht IV. benötigte gebildete Männer, die er zu seinen Regierungsgeschäften und in seiner Kanzlei heranziehen konnte. Obendrein benötigte die neue Pfarrkirche einen zahlreichen Klerus, der zugleich die feierliche Gestaltung der Gottesdienste an der herzoglichen Residenz sicherte. An eine Rangerhöhung der Kirche mit dem wittelsbachischen Erbbegräbnis und mit dem Kaisergrab hatte Albrecht IV. wohl auch gedacht. Bereits im Jahr 1492 erhob Papst Innozenz IV. die vollendete, aber noch nicht geweihte Frauenkirche auf Bitten Herzog Albrechts IV. zur Stiftskirche. Die Chorherren des Kollegiatstiftes hatten künftig in der Frauenkirche gemeinsam Gottesdienst zu feiern und das Chorgebet zu verrichten. Um eine ausreichende Dotation für das neue Stift an der Frauenkirche zu erreichen, wurden die beiden kleineren Stifte in Schliersee und Ilmmünster aufgehoben und deren jeweilige Stiftsheilige Sixtus und Arsacius zugleich nach München überführt.

**Die Frauenkirche war** in gewissem Sinn auch Hofkirche der Wittelsbacher geworden. Herzog Albrecht V. holte 1576 aus Meißen die Reliquien des heiligen Bischofs Benno nach München. Seit 1580 werden sie in der Frauenkirche verehrt.

**Im Zuge der** Säkularisation wurde das Kollegiatstift aufgehoben. Ab 1821 war die Frauenkirche dann zur Metropolitankirche geworden. Durch das Konkordat von 1817 wurde die katholische Kirche im Königreich Bayern in zwei Provinzen mit je vier Bistümern aufgegliedert. Das alte Bistum Freising wurde aufgehoben und als Erzbistum München und Freising mit vergrößertem Sprengel neu gegründet. Als Sitz des Erzbischofs wurde München mit der Frauenkirche als Bischofskirche festgelegt. Seit dieser Zeit ist die Frauenkirche die Haupt- und Mutterkirche der Erzdiözese München und Freising und zugleich (als Sitz des Erzbischofs) die Metropolitankirche für die Diözesen Augsburg, Regensburg und Passau.

**Die Münchener Frauenkirche** hat seit jeher viele Funktionen zu erfüllen, als Pfarrkirche, als ehemalige Stiftskirche, als ehemalige Hofkirche, als heutige Bischofskirche und auch als Wahrzeichen Münchens und Bayerns. Dabei gilt sie stets als Symbol altbayerischer Frömmigkeit, Gläubigkeit und Marienverehrung wie schon vor 500 Jahren, so auch heute.

**Zwei Päpste haben** die Münchener Frauenkirche bisher besucht: Papst Pius VI. im Jahr 1782 und Papst Johannes Paul II. im Jahr 1980. Bei seiner ersten Pastoralreise durch Deutschland kam Papst Johannes Paul II. am 19. November 1980 nach München. Ganz im Zeichen der älteren Generation und der Behinderten stand am späten Nachmittag der Gottesdienst in der Frauenkirche. Nach einer Meditation in der Krypta des Doms, wo der Papst bei den Gräbern der Kardinäle Michael von Faulhaber (1917 – 1952), Joseph Wendel (1952 – 1960) und Julius Döpfner (1961 – 1976) kurz verweilte, begrüßte das Oberhaupt der katholischen Kirche die Anwesenden mit einem »Grüß Gott«.

*Peter Pfister*

Literatur

Peter Pfister / Hans Ramisch, Der Dom Zu Unserer Lieben Frau in München, München [3]1994

O himmlische Frau Königin,
der ganzen Welt ein Herrscherin!
Maria, bitt für uns!
Du Herzogin von Bayern bist,
das Bayernland dein eigen ist.
Darum liebreiche Mutter,
reich uns dein milde Hand,
halt deinen Mantel ausgespannt
und schütze unser Bayernland!

Dich München gar im Herzen hat:
dein Dom steht mitten in der Stadt.
Maria, bitt für uns!
Er ist gebaut gar stark und fest
zu deiner Ehr aufs allerbest.
Darum ...

Auf hoher Säule ragt dein Bild,
du Schutzfrau Bayerns wundermild.
Maria, bitt für uns!
Das liebe Kind auf deinem Arm
des ganzen Volkes sich erbarm!
Darum ...

Text nach »Das Münchnerisch unser lieben Frawen Gesang«, gedruckt 1637; Gotteslob 855

# Hl. Konrad von Parzham
## Ordensbruder in Altötting

### *21. April*

Johannes Evangelist Birndorfer, so der bürgerliche Name des Heiligen, wurde am 22. Dezember 1818 als elftes von zwölf Kindern auf dem Venushof in Parzham bei Weng im Rottal (Diözese Passau) geboren. Die 31 Jahre bis zu seinem Eintritt ins Kloster lebte der Birndorfer Hans auf dem großen elterlichen Hof, den er einmal übernehmen sollte und arbeitete in der Landwirtschaft. Aus dieser Zeit ist nicht viel über ihn bekannt. Die Mutter starb, als er 14 Jahre alt war, der Vater zwei Jahre später. Hans zeigte bereits als Kind eine ausgesprochene Frömmigkeit. Zu Hause hatte er einen Hausaltar errichtet, er schien ständig zu beten – es hieß, dass er deshalb niemals einen Hut trage –, er führte immer einen Rosenkranz mit sich und besuchte häufig die Messe, oft mehrmals an Sonn- und Feiertagen.

**Dieses außergewöhnliche Verhalten** des jungen Mannes erregte damals schon die Aufmerksamkeit der Dorfbewohner. Ansonsten lebte Hans sehr zurückgezogen und suchte die Gemeinschaft mit anderen nur bei Wallfahrten. Außerdem ließ er sich in eine Reihe von Bruderschaften aufnehmen. Etwa seit seinem 22. Lebensjahr begleitete ihn der Beichtvater Benefiziat Franz Xaver Dullinger aus Aigen am Inn, der ihm die Aufnahme in den Kapuzinerorden vermittelte.

**1849 schließlich trat** der große Marienverehrer Johannes Birndorfer als Kandidat in den Kapuzinerorden in Altötting ein. Bei seiner Einkleidung als Terziar erhielt er den Ordensnamen Konrad. Seine Profess als Laienbruder legte er am 4. Oktober 1852 ab und wurde schließlich Pförtner im Kloster St. Anna in Altötting. Diesen Dienst sollte er nun 41 Jahre verrichten, wobei seine Aufgaben in all den Jahren im Wesentlichen gleich blieben. In den bekannten Marien-Wallfahrtsort Altötting kamen Jahr für Jahr unzählige Pilger mit den verschiedensten Anliegen, vielmals war Bruder Konrad der

*Andachtsbild, Anfang 20. Jahrhundert*

## Brauchtum und Verehrung

In der Bruder Konrad-Kirche in Altötting – dem durch seine Gnadenkapelle bedeutenden Marienwallfahrtsort – finden sich stets unzählige Wallfahrer am Reliquienschrein Bruder Konrads ein. Besonders wird der Heilige in den Diözesen Passau und Regensburg verehrt.

## Darstellung, Attribute, Patronate

Bruder Konrad wird oft an der Pforte dargestellt, dabei an Kinder Brot austeilend, sonst hält er ein Kreuz in Händen. Er ist einer der Patrone der bayerischen und ungarischen Ordensprovinz der Kapuziner, Patron der katholischen Burschenvereine, des Seraphischen Liebeswerkes und der katholischen Landjugend in der Diözese Würzburg. Zudem wird er in allen Nöten angerufen.

erste Ansprechpartner an der Klosterpforte. Zu seinen Aufgaben gehörte es, die Patres zu verständigen, wenn Menschen deren Dienst benötigten, die Bücher über Messintentionen und Spenden zu führen sowie Gelder zu verwalten. Zudem kamen viele Handwerksburschen, Bettler und Kinder, die sich Essen oder Geld erbaten. Stets war er in aufopfernder Liebe für die Armen da. Bruder Konrad übernahm auch Mesnerdienste. Ihm wird trotz seiner starken Beanspruchung Geduld und Freundlichkeit im Umgang mit den verschiedensten Menschen nachgesagt. Seine Auskünfte waren nicht länger als nötig, er galt als ruhiger Mitbruder. Besonders Frauen gegenüber gab Bruder Konrad sich wortkarg, er wollte Distanz wahren. Ruhe fand er in seiner tiefen Frömmigkeit, seinem Gebets- und Bußeifer und seinem asketischen Leben, das Demut und Pflichtbewusstsein prägten. Zudem hatte er das Privileg bekommen, täglich die Kommunion zu empfangen. Nachgesagt wird ihm die Herzenskunde, nach der er viele charakterliche Entwicklungen seiner Mitmenschen erkannte.

**Im Volk sprach** es sich bald herum, dass der Pförtner des Klosters ein heiligmäßiger Mann sei, so dass immer mehr ratsuchende Menschen zu ihm kamen. Er selbst ruhte ganz in dem Bewusstsein der Gegenwart Gottes, war ihm in allen Tätigkeiten verbunden und schien die schon zu seinen Lebzeiten einsetzende Verehrung nicht zu bemerken. Seinen Dienst übte er bis drei Tage vor seinem Tod aus. Am 21. April 1894 verstarb er im Kreis seiner Mitbrüder im Alter von 76 Jahren. Unzählige Menschen pflegten das Gedächtnis an ihn. Im Jahr 1912 wurden die Gebeine von Bruder Konrad in eine Gruft vor dem Presbyterium in der alten St. Anna-Kirche überführt, die seit 1953 Bruder Konrad-Kirche heißt.

**1914 begann der** Seligsprechungsprozess. In den nächsten Jahren wurden mehrere Wunder (Heilungen) anerkannt. Papst Pius XI. sprach Bruder Konrad am 15. Juni 1930 selig und am 20. Mai 1934 heilig, woran die bayerische Bevölkerung, die in Pilgerzügen angereist war, regen Anteil nahm. In Altötting beging man eine festliche Nachfeier im Sommer 1934. Der Münchener Erzbischof Michael Kardinal von Faulhaber nahm an allen Feierlichkeiten teil. In seiner Autobiographie bezeichnete Faulhaber die Heiligsprechung gerade 1934 als »ein Stück Ehrenrettung des deutschen Namens, jedenfalls eine Ehrenrettung des Heroismus der kleinen alltäglichen Berufsarbeit«. Auch im Erzbistum München und Freising, in dem sich zudem die beiden ersten Wunder ereignet hatten, wurde Bruder Konrad schon früh verehrt. Die Predigt, die der ehemalige Apostolische Nuntius in Bayern, Eugenio Pacelli, der spätere Papst Pius XII., in Rom über Bruder Konrad gehalten hatte, erschien 1937 in Deutschland.

*Susanne Kornacker*

Literatur

Bavaria Sancta II 359-393 (Alois Winklhofer)
Herbert W. Wurster (Hg.), In Gott verwurzelt, den Menschen verpflichtet: Hl. Bruder Konrad von Parzham, Passau 1994

Gott,
du hast den heiligen
Bruder Konrad von Parzham
zum Dienst an den Wallfahrern
und Notleidenden berufen.
Mache auch uns bereit,
in Geduld und Güte denen zu begegnen,
die auf unsere Hilfe warten.
Darum bitten wir
durch unseren Herrn Jesus Christus.

Tagesgebet am Fest des hl. Konrad von Parzham

# Maria
# Patronin von Bayern

## *1. Mai*

Als der heilige Korbinian um das Jahr 724 nach Freising kam, stand auf dem Burgberg bereits eine Marienkirche, erbaut wohl vom Herzog, geweiht dem Fest Mariä Geburt (8. September). In ihr feierte Korbinian Gottesdienst, hier wurde er zunächst begraben. 739 wurde diese Marienkirche Kathedrale des neu gegründeten Bistums Freising. Sie ist die Keimzelle des heutigen Freisinger Doms und die am frühesten bezeugte Marienkirche in Bayern.

**Unzählige weitere Kirchen** und Kapellen folgten. Allein im Erzbistum München und Freising sind es heute wohl über 400, die Maria zur Patronin haben. An vielen Wallfahrtsorten in ganz Bayern wird Maria um Fürsprache bei Gott in allen Nöten angerufen. Im Erzbistum haben etwa Ettal, Maria Thalheim oder Tuntenhausen eine bis ins Mittelalter zurückreichende Wallfahrtstradition. Das bayerische Herrscherhaus der Wittelsbacher hatte Anteil an der alteingewurzelten Marienverehrung. So war Kaiser Ludwig der Bayer (1314 – 1347) nicht nur Stifter von Ettal, er rief auch in seiner Sterbestunde Maria um ihren Beistand an. Die bayerischen Herzöge unterstützen Bau und Ausstattung zahlreicher Marienkirchen, und die Pilgerfahrt zu marianischen Gnadenbildern entwickelte sich zur Familientradition.

**Im Zeitalter der** Reformation wurde die Heiligen- und insbesondere die Marienverehrung ein Kennzeichen des Katholischen. Es war Herzog (seit 1623 Kurfürst) Maximilian I. (1597 – 1651), der in dieser Zeit den entscheidenden Schritt tat, Maria in spezieller Weise als Patronin seines Landes zu proklamieren. In tiefer persönlicher Frömmigkeit fühlte er sich ganz als Diener Mariens, die er als die eigentliche Regentin seines Landes betrachtete.

**1610 ließ er** eine Medaille prägen, die Maria als Schutzherrin über der Landeshauptstadt zeigt, begleitet von dem Gebetsruf

*Bronzestatue der »Patrona Boiariae« von Hans Krumper an der Fassade der Münchener Residenz, 1614–1616*

## Brauchtum und Verehrung

Wie an der Münchener Residenz stehen an vielen Häusern Figuren Marias, um das Haus und seine Bewohner unter ihren Schutz zu stellen. An der Mariensäule wird jeden Samstag ein Rosenkranzgebet sowie im Mai die große Maiandacht und im Oktober das Rosenkranzgebet der Münchener Stadtkirche gehalten.

## Darstellung, Attribute, Patronate

Maria als Schutzfrau Bayerns wird – in Anlehnung an die apokalyptische Frau der Bibel (Offb 12,1) – auf der Mondsichel stehend dargestellt; manchmal auch mit dem Kranz aus zwölf Sternen um ihr Haupt. Sie ist stets gekrönt, hält ein Szepter und auf ihrem Arm das segnende Jesuskind.

»Sub tuum praesidium« (Unter deinen Schutz).

**1616 – während** sich die Konflikte zwischen den Konfessionen im Vorfeld des Dreißigjährigen Kriegs bedrohlich zuspitzten – wurde in einer Nische an der Fassade der Münchener Residenz eine überlebensgroße Bronzestatue aufgestellt. Sie zeigt die gekrönte Gottesmutter, auf der Mondsichel stehend, in der Linken das Szepter, im rechten Arm das Christuskind, das sich allen segnend zuwandte, die vom nahen Schwabinger Tor her in die Stadt kamen. Ein Schild darüber trägt die Inschrift »Sub tuum praesidium confugimus, sub quo secure laetique degimus« (Unter deinen Schutz fliehen wir, unter dem wir sicher und froh leben). Die Bezeichnung zu Füßen der Madonna stammte vom Herzog selbst: »Patrona Boiariae«. Damit erklärte er Maria zur Schutzherrin seines Herzogtums; vielleicht meint die humanistische Namensform »Boiariae« sogar das weit darüber hinaus reichende alte bayerische Stammesgebiet. Unter der Figurennische brennt ein Ewiges Licht.

**Auch der vom** Herzog gestiftete barocke Hochaltar der Frauenkirche wurde 1620 der Patronin Bayerns geweiht – zum Dank für den Sieg des bayerischen Heeres in der Schlacht am Weißen Berg.

**Schließlich ließ Maximilian** 1637/38 auf dem Münchener Schrannenplatz (seit 1854: Marienplatz) die Mariensäule errichten, in Dankbarkeit für die Bewahrung der beiden Hauptstädte München und Landshut vor der Plünderung durch die Schweden. Der Kurfürst selbst sprach die Weiheformel an die »gütigste Herrin Bayerns und mächtigste Schützerin«. Die Mariensäule wurde Ort zahlreicher Andachten und Ziel von Prozessionen. Sie war symbolischer Mittelpunkt des Landes, von dem aus die Entfernung der Orte gemessen wurde. Nachahmung fand sie nicht nur im nahen Freising (errichtet 1674 durch Fürstbischof Albrecht Sigmund von Bayern), sondern zuvor schon in Wien (1645) und Prag (1650).

**Kurz vor dem** Ende der bayerischen Monarchie, in den Nöten des Ersten Weltkriegs, richtete König Ludwig III. (1913 – 1918) zusammen mit seiner Gemahlin Marie Therese an Papst Benedikt XV. die Bitten, »1. daß die allerseligste Jungfrau und Gottesmutter Maria als Patronin der Bayern durch den Apostolischen Stuhl erklärt werde, 2. daß ein besonderes Fest dieser Jungfrau Maria unter dem Titel Patrona Bavariae alljährlich im Marienmonat, am 14. Mai, in ganz Bayern gefeiert werden dürfe unter einem entsprechenden Ritus und mit einem besonderen Offizium«. Durch Dekret der Ritenkongregation genehmigte der Papst dies am 26. April 1916. Am 14. Mai 1916 wurde das Fest in München erstmals begangen, das Jahr darauf in allen bayerischen Diözesen. Gemäß Beschluss der Freisinger Bischofskonferenz von 1970 ist der Festtermin nun am 1. Mai und bildet so den Auftakt zum Marienmonat.

*Mariensäule auf dem Münchener Marienplatz*

*Roland Götz*

Literatur
Peter Pfister / Hans Ramisch (Hg.), Marienwallfahrten im Erzbistum München und Freising, Regensburg $^{2}$1989

Unter deinen Schutz und Schirm
fliehen wir, heilige Gottesmutter.
Verschmähe nicht unser Gebet
in unseren Nöten,
sondern errette uns jederzeit
aus allen Gefahren,
o du glorwürdige und gebenedeite
Jungfrau,
unsere Frau, unsere Mittlerin,
unsere Fürsprecherin.
Führe uns zu deinem Sohne,
empfiehl uns deinem Sohne,
stelle uns vor deinem Sohne.

# Hl. Sigismund
## König der Burgunder, Märtyrer

### *2. Mai*

Im 14. Jahrhundert ist der hl. Sigismund neben Maria und St. Korbinian zum dritten Patron der Freisinger Domkirche geworden. In ihm begegnet uns eine Gestalt des frühen Mittelalters, die kaum in das uns geläufige Bild eines Heiligen passt. Weder religiöse oder sittliche Reife seines Lebens noch der eher politisch zu deutende gewaltsame Tod waren ausschlaggebend für seine Verehrung. Er ist als Fürst vielmehr symbolische Gestalt für die Bekehrung seines Stammes vom arianischen zum katholischen Glauben.

Sigismund war von 516 bis 523 König der Burgunder. Schon während der Regierungszeit seines Vaters Gundobald ist er um das Jahr 500, angeregt durch Erzbischof Avitus von Vienne (494 – 518), vom Arianismus zum katholischen Glauben übergetreten. Ebenfalls noch vor seiner Thronübernahme gründete er 515 das Kloster St. Maurice im Wallis für die Betreuung der zahlreichen Pilger, die zum vielbesuchten Märtyrergrab der Thebäischen Legion und ihres Anführers St. Mauritius kamen. Als Sigismund nach dem Tod seines Vaters 516 selbst die Regierung übernahm, folgte das ganze Volk der Burgunder dem Beispiel seines Königs und übernahm den katholischen Glauben.

Im Jahr 511 ließ sich Sigismund durch seine zweite Gemahlin zu einem schweren Unrecht verleiten. Der Königin war es gelun-

*Bild des Sigismund-Altars im Freisinger Dom aus dem Umkreis von Peter Candid, um 1625*

## Brauchtum und Verehrung

Der Kult des hl. Sigismund breitete sich sehr rasch aus; schon im 10. Jahrhundert ist er auch in Freising nachweisbar. Neuen Aufschwung gewann seine Verehrung im 14. Jahrhundert, als Kaiser Karl IV. 1354 Teile der Reliquien von St. Maurice nach Prag bringen ließ. Bei dieser Gelegenheit muss auch der Freisinger Dom einen Teil der begehrten Reliquien erhalten haben, denn schon 1359 ist Sigismund in einer Urkunde als Bistumspatron bezeugt. Sein Altar im Freisinger Dom befindet sich seit dieser Zeit auf der rechten Empore. Er wurde Ziel einer umfangreichen Wallfahrt. Die Opfergaben am Sigismundaltar übertrafen im 14. und 15. Jahrhundert bald alle übrigen Gaben an den Freisinger Dom. Unter den Pilgern kamen auch Mitglieder des bayerischen Herzogshauses und selbst Kaiser Maximilian I. zum Altar des hl. Sigismund.

## Darstellung, Attribute, Patronate

Den Darstellungen Sigismunds als gerüsteter König (mit Krone, Szepter und Reichsapfel) ist oft das burgundische Wappen (drei Kronen und blau-goldene Schrägstreifen) beigegeben. Sigismund wurde allgemein als Patron gegen Fieberkrankheiten angerufen. In Freising wurde er zum Dom- und Bistumspatron.

gen, Sigrich, den Sohn Sigismunds aus erster Ehe, der Empörung zu verdächtigen, worauf der König ihn ermorden ließ. Sigismund erkannte seine Schuld und tat Buße im Kloster zu St. Maurice.

**Schon ein Jahr** später wurde er von den Söhnen Chlodwigs I. besiegt und flüchtete nach St. Maurice. Gefangen führte man ihn und seine Familie nach Orleans. Dort wurde er in der Nähe der Stadt zusammen mit seiner Frau und seinen Söhnen 524 vom Frankenkönig Chlodomir in einem Brunnen ertränkt. Elf Jahre später holte man den Leichnam des Königs in die Johanneskirche von St. Maurice, wo Sigismund als Märtyrer verehrt wurde.

**Mag das Vergehen** König Sigismunds an seinem Sohn das Bild dieses Heiligen auch trüben, so bleibt er doch Zeuge eines zutiefst christlichen Glaubens an die vergebende Gnade Gottes.

*Josef Maß*


Literatur

Stephan Randlinger, Die Verehrung des heiligen Sigismund, des zweiten Diözesanpatrons, in Freising, in: Joseph Schlecht (Hg.), Wissenschaftliche Festgabe zum zwölfhundertjährigen Jubiläum des heiligen Korbinian, München 1924, 350–362

*Seitenfigur von Philipp Dirr am Hochaltar des Freisinger Doms, 1625*

Heiliger Gott, du hast den König
Sigismund dazu erwählt,
sein Volk zum rechten Glauben zu führen;
du hast seine Buße für begangenes
Unrecht gnädig angenommen.
Auf seine Fürsprache gib auch uns
die Gnade, das Böse zu besiegen
und bei dir Erbarmen zu finden.
Darum bitten wir durch Jesus Christus.

Tagesgebet am Fest des hl. Sigismund

# Hl. Florian
## Märtyrer

### *4. Mai*

An der Wende vom dritten zum vierten Jahrhundert hatte das Christentum im Römischen Reich bereits weite Verbreitung gefunden, Händler und Legionäre brachten die neue Lehre aus der östlichen Reichshälfte selbst in weit abgelegene Provinzen des Imperiums. Auch im süddeutsch-österreichischen Raum, der in den Provinzen Raetien (etwa das heutige Bayern südlich der Donau bis zum Inn) und Noricum (etwa das heutige Ober- und Niederösterreich südlich der Donau) dem Römischen Reich seit etwa Christi Geburt angegliedert war, hatte das Christentum Eingang gefunden. Die Aufgabe der Donauprovinzen 488 mit dem Rückzugsbefehl an die römischen Beamten und Soldaten sowie die nachfolgende Neustrukturierung des Landes infolge der Völkerwanderung bedeutete für die christlichen Gemeinden weitgehend das Ende. Allerdings lassen die aus der Spätantike ins Frühmittelalter tradierte Verehrung der hl. Afra in Augsburg, die Lebensbeschreibung des hl. Severin oder der Kult des hl. Florian noch spätantikes christliches Leben auf bayerisch-österreichischem Boden erahnen.

**In Florian begegnet** uns zu Beginn des vierten Jahrhunderts ein hoher römischer Beamter als Märtyrer seines Glaubens, der die zunehmende Christianisierung aller sozialen Schichten erkennen lässt. Auch die letzte große Verfolgungswelle unter Kaiser Diokletian zwischen 303 und 305 vermochte daran nichts mehr zu ändern – im Gegenteil: 313 sah sich Kaiser Konstantin veranlasst, das Christentum als gleichberechtigte Religion im Reich anzuerkennen. Florian war Kanzleivorstand des Zivilstatthalters der nördlichen Hälfte der Provinz Noricum und somit ihr höchster Verwaltungsbeamter. Er befand sich bereits im Ruhestand, möglicherweise war er auch aufgrund seines Glaubens seines Amtes enthoben worden, als er von Christenverfolgungen in Lauriacum (Lorch), einem Kastell am Donaulimes, erfuhr. Um den inhaftierten Christen beizustehen, be-

*Altarbild in der ehemaligen Zisterzienser-Abteikirche Fürstenfeld, um 1760*

## Brauchtum und Verehrung

Zum Zentrum des Florianskultes, der sich über Süddeutschland bis Böhmen, Polen und Ungarn ausbreitete, wurde das Stift St. Florian bei Linz über seinem legendenhaften Grab. Seine Hochblüte erlebte die Verehrung in der Barockzeit, wovon über sechzig Florianspatrozinien im Österreichischen noch heute zeugen.

## Darstellung, Attribute, Patronate

Anfangs Patron der Krieger wurde Florian (seit 1971 Diözesanpatron von Linz) im 16. Jahrhundert zum Helfer in Feuer- und Wassergefahr; deshalb gilt der Heilige bis heute als Schutzpatron der Feuerwehren. Dargestellt als Soldat mit Lanze und Banner wurden Florian die Attribute Wasserkübel und brennendes Haus beigegeben; vereinzelt verweist ein Mühlstein auf sein Martyrium.

gab er sich dorthin, wurde jedoch vom Statthalter Aquilinius festgenommen und verurteilt, nachdem er sich geweigert hatte, den römischen Staatsgöttern zu opfern. Mit einem Stein um den Hals wurde er in der Enns ertränkt. Die Legende, die sich in späteren Zeiten um die Gestalt Florians rankte, weiß weiter zu erzählen, dass der Leichnam an einem Felsen angeschwemmt und dort von einem Adler beschützt wurde, bis ihn eine fromme Frau an der Stelle begrub, die ihr in einer Vision bezeichnet worden war.

**Nicht zuletzt aufgrund** dieses legendären Beiwerks – in späteren Zeiten avancierte Florian zum Glaubensprediger oder gar zum Bischof von Lorch – wurde die historische Authentizität des spätantiken Märtyrers oftmals in Frage gestellt. Der historische Kern der Florianslegende erwies sich jedoch als unumstößlich: in einer frühmittelalterlichen Abschrift des Martyrologiums des Hieronymus, einem verschollenen Märtyrerkalender des 5. Jahrhunderts, wird Florian erstmals erwähnt. Aufgrund der exakten römischen Beamtentitulatur und der detaillierten Kenntnisse über die Provinzverwaltung noch im achten und neunten Jahrhundert kann die Florianslegende nicht erst im Frühmittelalter entstanden sein, kaum ein frühmittelalterlicher Autor hätte über das nötige Wissen verfügt; auch der Wohnort Florians, das römische Cetium (das heutige St. Pölten) war zu dieser Zeit nicht mehr unter seinem römischen Namen bekannt. Der Heilige gilt deshalb als einer der wenigen, dafür aber umso wichtigeren Belege christlicher Tradition in den ehemaligen Donauprovinzen des Römischen Reichs und deren vereinzeltes Weiterleben von der Spätantike ins Frühmittelalter. Eine Bestätigung erfuhr die Florianslegende in jüngerer Zeit durch archäologische Untersuchungen im antiken Lauriacum: Neben spätantiken Kirchenbauten ab etwa 350 wurde in der dortigen Laurentiuskirche ein römisches Steinreliquiar geborgen, das der ersten christlichen Basilika des vierten Jahrhunderts zugewiesen werden konnte. Im Inneren fanden sich die Überreste von mindestens 31 Menschen, vornehmlich Männern, die noch in ein zeitgenössisches Grabtuch gehüllt waren. Aufgrund der Zeitstellung und der Anzahl wurden sie mit den in der Florianslegende erwähnten 40 Gefährten in Verbindung gebracht, für die sich Florian verwenden wollte und die für ihren Glauben wie Florian als Blutzeugen eintraten – die belegte Verehrung des Steinsarges als Heiligengrab seit dem fünften Jahrhundert stützt diese Vermutung.

**Die Ereignisse werden** in Verbindung mit der letzten großen Christenverfolgung unter Diokletian zwischen 303 und 305 gesehen; durch die im Martyrologium überlieferte Angabe von Tag und Monat (4. Mai) wird der 4. Mai 304 als wahrscheinlichstes Datum des Martyriums angegeben.

*Michael Volpert*

Literatur
Florian Trenner, Der heilige Florian, Regensburg 1981

O heiliger Sankt Florian,
mit frommem Sinn wir kommen an.
Lass deine Fürsprach uns erfahrn
in Wassernot und Feuersg'fahrn.

Und wenn im Herzen sich entzündt
das Feuer schwerer Schuld und Sünd,
dann lösch das Feuer, steh uns bei,
auf dass uns Gott sein Gnad verleih.

Geht es dereinst zum letzten End,
mach, dass das Herz in Lieb entbrennt
zum Vater der Barmherzigkeit,
der uns schenkt die ewig' Seligkeit.

Lied von Anette Thoma für die Florianskirche in Frasdorf

# Sel. Maria Theresia von Jesu Gerhardinger
## Jungfrau und Ordensgründerin

### *9. Mai*

Das neue Menschenbild der Aufklärung hinterließ in der Pädagogik und im Schulwesen tiefe Spuren. In Verbindung mit antiklösterlichen Tendenzen führte es im Umfeld der Säkularisation freilich auch zu einem weitgehenden Kahlschlag im klösterlichen Schulwesen. Insbesondere die Mädchenschulen waren hiervon betroffen, so dass außerhalb der Landeshauptstadt München faktisch schon bald keine höhere Mädchenschule mehr existierte. Da auch die ländlichen Elementarschulen aus finanziellen Gründen nicht mehr überall besetzt werden konnten, klaffte zwischen den Bildungsidealen der Aufklärung mit ihrer Betonung des Individuums und der Realität eine immer größere Kluft. Dass es dann aber gerade wieder die Kirche war, die diese Kluft mit einem christlichen Erziehungsideal zu schließen vermochte, ist zu einem erheblichen Teil das Verdienst der Karolina Gerhardinger.

Karolina Gerhardinger wurde am 20. Juni 1797 in Stadtamhof bei Regensburg als einziges Kind eines wohlhabenden Schiffsmeisters geboren. Vom 6. bis zum 12. Lebensjahr besuchte sie die Mädchenschule der Augustiner-Chorfrauen de Notre Dame in ihrer Heimatstadt. Mit der Aufhebung des Klosters 1809 endete ihre Schulzeit, und es begann unter Anleitung des Regensburger Dompfarrers Georg Michael Wittmann die Ausbildung zur Lehrerin. Wittmann war es auch, der die junge Frau zusammen mit zwei anderen Junglehrerinnen zu einer neuen Form des klösterlichen Gemeinschaftslebens anleitete. Wohl schon 1815 hatte sie erstmals den Wunsch geäußert, dem Ordensstand beizutreten. Da sie aber in keinen der bestehenden Orden, die ihrer Ansicht nach den modernen Anforderungen an den schulischen Unterricht nicht genügten, eintreten wollte, gründete sie schließlich 1833 in Neunburg vorm Wald ein neues Kloster und

*Porträt nach einer Photographie aus den 1870er Jahren*

## Brauchtum und Verehrung

Die Grabstätte in der Jakobskirche in München ist ein vielbesuchter Ort des Gebetes. Maria Theresias Verehrung zeigt sich ferner in der großen Zahl von Darstellungen, die insbesondere in Kindergärten und Schulen ein beliebtes Motiv sind.

## Darstellung, Attribute, Patronate

Einen einheitlichen Darstellungstypus gibt es nicht. Weit verbreitet sind allerdings Abbildungen, die Mutter Theresia inmitten einer Schar von Kindern zeigen. Sie ist Hauptpatronin der Schulschwestern und wird vor allem von jungen Menschen um Beistand und Rat angerufen.

gab dieser Gemeinschaft den Namen »Arme Schulschwestern von Unserer Lieben Frau«. Am 16. November 1835 legte Karolina Gerhardinger ihre Gelübde ab und nahm den Namen Maria Theresia von Jesu an. In Zusammenarbeit mit Franz Sebastian Job, einem engen Freund Wittmanns, der zudem über hervorragende Kontakte zum königlichen Hof in München verfügte, überarbeitete sie die Ordensregel. Besonders wichtig war ihr dabei ein strenges Leben in Armut und Buße sowie die Möglichkeit, auch kleine Filialen des Ordens mit geringer Schwesternzahl gründen zu können, die alle unter einer gemeinsamen Leitung stehen sollten. Auf diese Weise hoffte sie, die Verbreitung des Ordens zu erleichtern. 1843 entschloss sich Maria Theresia dann zu einem Umzug in das ehemalige Angerkloster in München, das bis 1956 auch als Mutterhaus der Kongregation diente. Hintergrund waren Bestrebungen, künftig den Wirkungskreis des Ordens auch auf Großstädte auszudehnen. Über die zentrale Leitungsstruktur des Ordens, auf die Maria Theresia keineswegs verzichten wollte, weil nur durch sie auch die Gründung kleiner Schwesternniederlassungen in entlegenen Landgemeinden ermöglicht wurde, kam es in München freilich zu einem ernsten Konflikt mit Erzbischof Karl August Graf von Reisach. Durch die päpstliche Approbation ihres Ordens vom 1. Juni 1854 konnte Mutter Theresia sich allerdings erfolgreich behaupten; es bestätigte sich eindrucksvoll, was schon zuvor König Ludwig I. über die Ordensgründerin gesagt hatte: »Diese Frau weiß, was sie will, und was sie will, ist groß gedacht.«

**Mutter Theresias Erziehungsideal** zielte nicht nur auf die Vermittlung bloßen Wissens, im Zentrum stand vielmehr der ganze Mensch; zentrales Anliegen war ihr der »Dienst an den Kindern« in der Nachfolge Christi. Mit ihrer asketischen Spiritualität hat sie den Orden nachhaltig geprägt. Verbunden mit dem Bestreben, allen Lehrerinnen eine professionelle und praxisnahe Ausbildung zukommen zulassen, womit sie neue Maßstäbe setzte, war dies ein Garant für die schnelle Ausbreitung des Ordens. Noch zu ihren Lebzeiten fasste er in Preußen, Baden, Österreich, Ungarn und England sowie in Nordamerika Fuß. 1879 zählte die Kongregation bereits mehr als 2.200 Schwestern, die 87.000 Kinder in Schulen, Kindergärten und Waisenhäusern betreuten. Heute ist der Orden auf fünf Kontinenten (Europa, Nord- und Südamerika, Asien, Afrika) beheimatet und zählt mehr als 5.000 Schwestern.

**Am 17. November 1985** wurde Maria Theresia von Jesu Gerhardinger durch Papst Johannes Paul II. in Rom selig gesprochen.

*Volker Laube*

Literatur

Selige Theresia von Jesu Gerhardinger (1797 – 1879). Ein Leben für Kirche und Schule. Zum 200. Geburtstag. Ausstellung in der Bischöflichen Zentralbibliothek Regensburg (Bischöfliches Zentralarchiv und Bischöfliche Zentralbibliothek Regensburg, Kataloge und Schriften 13), Regensburg 1997

Gott, unser Vater!
Du lässt das Leben von Maria Theresia
von Jesu Gerhardinger für unsere Zeit
zu einer Wegweisung werden hin zu Dir.
Als Frau des Glaubens, die immer nach dem
Willen Gottes suchte, als Kämpferin für die Einheit
und als Erzieherin mit weltweiter Sicht
steht sie vor uns.

Gott, Du kennst unsere Nöte und Anliegen.
Erhöre uns auf die Fürsprache der seligen
Maria Theresia von Jesu Gerhardinger
und stärke uns für unsere Sendung. Amen.

Aus: Gesandt für unsere Zeit. Maria Theresia von Jesu Gerhardinger. Novene, München 1985

# Hl. Johannes Nepomuk

## Priester, Märtyrer

### *16. Mai*

40 Jahre nach dem gewaltsamen Tod des hl. Johannes Nepomuk in der Nacht vom 20. auf den 21. März 1393 ging in Prag das Gerücht, er habe sein Schweigen über die Beichte der Königin mit dem Leben bezahlt. Die Legende – wie sie auch Thomas Ebendorfer in seiner um 1450 abgefassten Kaiserchronik erzählt – sah in Johannes Nepomuk das Gegenbild des tyrannischen Herrschers. Doch der wirkliche Grund für seine Ermordung dürfte anders liegen.

**Johannes Welflin von** Pomuk, so sein eigentlicher Name, ist wohl um 1345 in dem südwestböhmischen Marktdorf Pomuk geboren worden. Sein Vater war dort möglicherweise Richter. Seine erste Ausbildung hat er wohl in der Schule des gleichnamigen Zisterzienserklosters erhalten. 1369 taucht er erstmals als öffentlicher kaiserlicher Notar bei der Transsumierung einer päpstlichen Bulle auf. Aus dem Inhalt dieses Schriftstücks lässt sich schließen, dass er schon damals wenigstens zur Beamtenschaft des Erzbischofs von Prag gehörte. Um seine Position innerhalb des von Geistlichen adeliger Herkunft dominierten erzbischöflichen Hofes zu verbessern, war neben verlässlicher Arbeit vor allem höhere Bildung notwendig. Johannes Nepomuks Ambitionen waren ehrgeizig und so studierte er während der 70er Jahre des 14. Jahrhunderts an der Prager Universität Jura, wo er 1381 das Rechtsbakkalaureat erwarb. Bereits vorher muss er die höheren Weihen erhalten haben, denn 1380 avancierte er zunächst zum Altaristen im Prager Dom, dann zum Pfarrer von St. Gallus in der Prager Altstadt. Vermutlich seit 1382/83 studierte Johannes in Padua Kirchenrecht und erwarb dort 1387 den Doktortitel.

**Zwei Jahre nach** seiner Rückkehr nach Prag machte er einen weiteren Schritt auf der kirchlichen Karriereleiter: Er firmierte nun als Generalvikar des Erzbischofs von Prag, Johannes von Jenz(en)stein. Auf diesem ex-

*Deckenfresko von Matthäus Günther in der Pfarrkirche Mittenwald-St. Peter und Paul, 1740*

## Brauchtum und Verehrung

Ausgehend von Böhmen verbreitete sich der Kult Johann Nepomuks insbesondere nach seiner Heiligsprechung im ganzen katholischen Europa. An seinem Gedenktag finden in Bamberg, Passau und Heidelberg Prozessionen und Lichterschwimmen statt. In Freising und Inkofen wurden Johannes-Nepomuk-Bruderschaften gegründet; Wallfahrtsorte im Erzbistum München und Freising sind Inkofen und Pfrombach.

## Darstellung, Attribute, Patronate

Dargestellt ist Johannes Nepomuk meist als Priester mit Rochett, Stola und Birett, in der Hand ein Kreuz oder eine Palme haltend, zuweilen auch eine Zunge. Sein Kopf ist oft von einem Kranz mit fünf Sternen umgeben, die das lateinische Wort »Tacui« symbolisieren. Er gilt als Patron der Beichtväter, Priester, Flößer, Schiffer, Müller sowie als Landespatron Böhmens, Bayerns und des Hauses Habsburg. Als Brückenheiliger ist er jene Gestalt, die außerhalb des Kirchenraums neben dem Kreuz und Maria am häufigsten zu sehen ist.

ponierten Posten wurde er direkt in den schon länger andauernden Konflikt zwischen dem Erzbischof und dem böhmischen König Wenzel hineingezogen. War es in den 80er Jahren um die Missachtung wirtschaftlicher Rechte des Erzbistums durch den König und seine Günstlinge gegangen, so versuchte der König 1393, die bischöflichen Hoheitsrechte zu beschneiden. Zur Eskalation kam es, als sich der Erzbischof den Plänen König Wenzels zur Errichtung eines neuen böhmischen Bistums widersetzte. Die Grenzen der Prager Diözese deckten sich bis 1344 nahezu vollständig mit den Grenzen Böhmens. Schon der Vorgänger Wenzels, Kaiser Karl IV., strebte die Neugründung von Bistümern an, konnte aber lediglich das kleine Bistum Leitomischl in Ostböhmen begründen. Neu war unter Wenzel jedoch der Gedanke, durch die Aufteilung des Prager Erzbistums die Stellung des Erzbischofs insbesondere auf wirtschaftlichem Gebiet zu schwächen. Zudem intendierte der König, einen von ihm politisch abhängigen Bischofsstuhl zu schaffen, den er mit einem seiner Vertrauten besetzen konnte. Für die Ausstattung des neuen Bistums waren die Güter des Klosters Kladrau vorgesehen, dessen Abt damals im Sterben lag. Erzbischof Jenzenstein durchkreuzte jedoch die königlichen Pläne, indem er nach dem Tod des Abtes den neu gewählten Klostervorsteher sogleich bestätigte, ohne den König darüber zu informieren. Dies wertete Wenzel als bewusste Provokation und ließ den Erzbischof, dessen Generalvikar Johannes Nepomuk und drei weitere erzbischöfliche Beamte verhaften. Der Erzbischof konnte zwar fliehen, doch Johannes Nepomuk bekam die Härte des königlichen Zorns voll zu spüren. Am 20. März 1393 ließ König Wenzel den Generalvikar verhören und foltern. Welche Neuigkeiten Wenzel aus Johannes Nepomuk herauspressen wollte, ist unklar. Die anderen Mithäftlinge überlebten zwar das Verhör, mussten aber schwören, über die Ereignisse zu schweigen. Johannes Nepomuk jedoch war so schwer verletzt, dass ihm nicht mehr zu helfen war. Halbtot wurde er in der Nacht gefesselt von der Karlsbrücke in die Moldau geworfen, in der er schließlich ertrank. Um 1400 wurde er in den Prager Veitsdom überführt.

**Im Volk fand** Johannes Nepomuk rasch große Verehrung, so dass er in den böhmischen Heiligenhimmel aufgenommen wurde, ohne offiziell heilig gesprochen zu sein. Erst 1721 erfolgte die Seligsprechung, bereits acht Jahre später, 1729, die Kanonisation durch Papst Benedikt XIII. Innerhalb kurzer Zeit entwickelte sich der hl. Johannes Nepomuk – gefördert von den Höfen und dem Jesuitenorden – zu einem der volkstümlichsten Heiligen der Barockzeit in Europa.

*Guido Treffler*

Literatur

Reinhold Baumstark / Johanna von Herzogenberg / Peter Volk (Hg.), Johannes von Nepomuk 1393 – 1993, München 1993

Mit Freuden stimmen wir heut
all zusammen und loben,
Sankt Johannes, deinen Namen,
herzlich dich zu ehren,
dieses wir begehren:
Steh uns bei zu jeder Zeit,
o Johannes, unsre Freud!

Wir bitten dich, du wollst
uns lehren schweigen.
Was andern wehtut,
lass uns nicht aufzeigen.
Schand und Spott abwende,
deine Hilf uns sende:
Steh uns bei zu jeder Zeit ...

Durch deine Fürbitt bring von Gott
zuwegen
den Erdgewächsen allen reichen Segen.
Alles Unheil wende,deine Hilf uns sende:
Steh uns bei zu jeder Zeit ...

Und endlich wenn es kommet zum
Sterben,
da wollest Gottes Gnade uns erwerben.
Dass wir glücklich fahren
zu den Engelscharen:
Gott zu loben jederzeit
jetzt und in all Ewigkeit!

Weit verbreitetes Lied zum hl. Johannes Nepomuk,
aufgezeichnet im 19. Jahrhundert

# Hl. Bonifatius
## Bischof, Glaubensbote in Deutschland, Märtyrer

### 5. Juni

Zwei Jahre nach dem Märtyrertod des Bonifatius beschloss eine Synode in seiner Heimat England 756, jedes Jahr seinen Todestag zu begehen und ihn neben Papst Gregor dem Großen und Erzbischof Augustinus von Canterbury als besonderen Patron des Landes zu verehren. Von Bischof Lullus in Mainz, dem Nachfolger von Bonifatius, wurde eine Lebensbeschreibung erbeten, die dieser durch den Priester Willibald erarbeiten ließ. In der 1. Hälfte des 9. Jahrhunderts entstand eine weitere Vita in Utrecht, die für den letzten Lebensabschnitt des hl. Bonifatius neue Erkenntnisse brachte. Der Mönch Otloh von St. Emmeram in Regensburg schließlich verfasste während eines Aufenthalts in Fulda von 1062 bis 1066 eine Lebensbeschreibung, für die er alle erreichbaren Nachrichten über Bonifatius sammelte und dessen Briefsammlung sowie die Vita des Abtes Sturmius von Fulda, Bonifatius' Lieblingsschüler, auswertete. Auf Willibalds und Otlohs Darstellungen gehen im Wesentlichen alle späteren Lebensbeschreibungen des Heiligen zurück:

**Bonifatius wurde 672/675** in Wessex (England) geboren. Seine Eltern, die vielleicht noch der ersten christlichen Generation des Landes angehörten, gaben ihm den Namen Winfrid. Die hl. Lioba und die heiligen Geschwister Walburga, Willibald und Wunibald gehören zur Verwandtschaft des Bonifatius und sollten ihm in die Missionsarbeit auf dem Kontinent folgen. Bonifatius wurde bei den Benediktinern von Exeter erzogen und trat dann in das Kloster Nursling ein, wo er zum Priester geweiht wurde und als Lehrer an der Klosterschule und im Predigtdienst tätig war. Ein erster Missionsversuch bei den Friesen 716 scheiterte und endete mit der Rückkehr nach England. Im Spätsommer 718 verließ Bonifatius England zum zweiten Mal, diesmal in Richtung Rom. Am 15. Mai 719 erhielt er dort von Papst Gregor II. (715 – 731) den erbetenen schriftlichen Missionsauftrag. Dieser gab ihm bei

*Gemälde von Peter Burkart in der Pfarr- und Klosterkirche München-St. Bonifaz, 1996*

## Brauchtum und Verehrung

Die Überführung des toten Bonifatius erfolgte von Utrecht über Mainz nach Fulda. Die sofort einsetzende Verehrung blieb im Wesentlichen auf seine Heimat England und die zu Mainz gehörenden Kirchen in Hessen und Franken sowie auf Thüringen beschränkt. Von Volkstümlichkeit kann nicht die Rede sein, wenngleich Bonifatius seit dem 16. Jahrhundert als »Apostel der Deutschen« verehrt wird, eine Bezeichnung, die erstmals bereits 1160 in Fulda gebraucht wurde. Im 19. Jahrhundert kam es jedoch im Zusammenhang mit einer geschichtlichen Neuorientierung zu einer Belebung seiner Verehrung, die sich im Zuge der Auswanderungsbewegung bis nach Amerika auswirkte. In den liturgischen Kalender der Universalkirche wurde Bonifatius 1874 aufgenommen.

## Darstellung, Attribute, Patronate

Bonifatius wird meist als Bischof dargestellt, zuweilen auch als Benediktinermönch oder -abt mit Flocke und Inful – in der Frühzeit lediglich mit Stab und Buch, ab dem 15. Jahrhundert mit einem Dolch oder mit einem von einem Dolch durchbohrten Buch, das er der Legende nach über den Kopf gehalten haben soll, um den Todesstoß abzuhalten. Er ist Patron des Bistums Fulda und des Landes Thüringen. Die Verehrung als »Apostel der Deutschen« ließ für andere Patronate (Bierbrauer, Schneider oder Feilenmacher) keinen großen Entwicklungsraum.

diesem Anlass einem damaligen Brauch folgend den Namen des Heiligen, dessen Fest in Rom am Vortag gefeiert worden war: Bonifatius, der römische Märtyrer und »Eisheilige« – für Winfrid Ausdruck seiner Verbundenheit mit Rom und dessen Bischof. Bis 721 verbrachte Winfrid-Bonifatius Lehrjahre bei Bischof Willibrord in Friesland, lehnte eine Nachfolge auf dem Bischofsstuhl von Utrecht jedoch ab. 722 wurde er während seines zweiten Romaufenthalts vom Papst zum Bischof geweiht und erhielt vom Frankenherrscher Karl Martell (714–741) einen Schutz- und Geleitbrief. Predigtaufenthalte bei den Hessen (Fällung der Donareiche bei Geismar) und ab 725 bei den Thüringern folgten. 732 ernannte ihn Papst Gregor III. (731–741) durch Übersendung des Palliums zum Erzbischof und 738 während eines dritten Romaufenthalts zum Legaten für Germanien. In dieser Funktion legte Bonifatius am 29. Oktober 739 die Grenzen der vier zum Teil von ihm errichteten Bistümer Salzburg, Regensburg, Freising und Passau fest.

Eichstätt, Würzburg, Büraburg und Erfurt folgten. 744 gründete er das Kloster Fulda, das unter seinem ersten Abt Sturmius benediktinisch ausgerichtet wurde. Den Höhepunkt seines Wirkens und seiner Reform der fränkischen Kirche bildeten die von ihm geleiteten Synoden von 745 und 747, als persönlichem Missionserzbischof wurde ihm 747 das Bistum Mainz übertragen. Nachdem Bonifatius die Nachfolge in Mainz und Fulda geregelt hatte, begab er sich 753 erneut als Heidenmissionar nach Friesland. Dort erlitt er am 5. Juni 754 zusammen mit 52 Gefährten bei Dokkum den Martertod.

*Birgitta Klemenz*

Literatur

Sankt Bonifatius. Gedenkgabe zum zwölfhundertsten Todestag, Fulda 1954

Theodor Schieffer, Winfrid-Bonifatius und die christliche Grundlegung Europas, Freiburg i. Br. 1954 (Nachdruck Darmstadt 1980)

---

Die Gestalt des Patrons der Basilika St. Bonifaz (auf einem Tafelbild Peter Burkarts an ihrer Südwand) antwortet auf die Frage: Wie wird durch die Jahrhunderte der Glaube weitergegeben; wie wird das in der Kirche gefeierte Geheimnis in die Welt hineingetragen?

Der aus England stammende Winfrid-Bonifatius hat im 8. Jahrhundert Jesu Auftrag an die Apostel »Verkündet das Evangelium allen Geschöpfen« (Mk 16,15) aufgenommen und wurde so der »Apostel der Deutschen«. Der rote Hintergrund deutet das Wirken des feurigen Gottesgeistes in der Geschichte an, aber auch das Blutzeugnis des Bonifatius, der am 5. Juni 754 den Martertod erlitt. Bonifatius stellt sich ganz in den Dienst des Evangeliums, jenes Lichts, in das seine rechte Hand das Buch stellt und das die Menschen, die von unten herandrängen, erleuchtet. Der Junge, der von der linken Seite her diesem Licht sich entgegenstreckt, erinnert an eine Episode aus dem Leben des Bonifatius. Als er bei den Nonnen von Pfalzel bei Trier zu Gast war, las der 14-jährige Gregor, ein Verwandter der Äbtissin, aus der heiligen Schrift vor. Bonifatius lobte ihn, fügte aber hinzu: »Verstehst du, was du liest?« (wie einst Philippus den äthiopischen Kämmerer). Bonifatius begnügte sich nicht mit dem nochmaligen Leseversuch Gregors, sondern forderte ihn auf, mit eigenen Worten, in seiner eigenen Sprache die Frohbotschaft wiederzugeben. Da Gregor dies nicht vermochte, legte Bonifatius selber das Evangelium so lebendig aus, dass der Knabe begeistert ihm als Schüler folgte.

Was uns aus der Vergangenheit und von anderen überliefert wird, muss eigene Überzeugung werden. Wenn unser Glaube immer neu lebendige Erfahrung und inneres Verstehen wird, kann er auch andere überzeugen.

Abt Odilo Lechner OSB, München

# Hl. Benno
## Bischof von Meißen

### *16. Juni*

Der hl. Benno wirkte in der Zeit der Auseinandersetzungen des Investiturstreites als Bischof in Meißen (1066 – 1106). Seit 1580 ist er Schutzpatron Bayerns und der Stadt München.

**Benno stammte aus** einem sächsischen Grafengeschlecht und wurde in der Nähe von Hildesheim um das Jahr 1010 geboren. Im Kloster St. Michael in Hildesheim war er zunächst Mönch, dann Abt. Später (1051) finden wir Benno als Kanonikus im Kollegiatstift St. Simon und Judas zu Goslar. Auf Betreiben des Erzbischofs Arno von Köln ernannte ihn König Heinrich IV. um 1066 zum Bischof von Meißen. Die Bischofsweihe soll er in Magdeburg empfangen haben. Damit war er in die Auseinandersetzungen zwischen König Heinrich IV. und dem sächsischen Fürsten hineingezogen worden, die ihr Ende in der Niederlage der Sachsen 1075 an der Unstrut fanden.

**Bischof Benno, der** sich in diesen Kämpfen neutral verhalten wollte, wurde 1075/76 von König Heinrich IV. gefangen genommen. Der König empfand wohl Bennos Nichtbeteiligung am Sachsenkrieg als mangelnde Treue. Ein Jahr später, 1077, war Benno wieder frei. In der Frage des Investiturstreites entwickelte sich in diesen Jahren ein neuer Konflikt, der auch durch den Bußgang Heinrichs IV. nach Canossa nur kurzzeitig abgeschwächt werden konnte. Die Haltung der Fürsten in Deutschland blieb gespalten. 1077 hat die Gegenpartei des Königs in Forchheim Rudolf von Schwaben zum Gegenkönig kreiert, der schon 1080 während des Bürgerkrieges fiel. An dieser Wahl des Gegenkönigs war Bischof Benno beteiligt. Im Streit zwischen Heinrich IV. und Gregor VII. stand er auf der Seite des Papstes, weshalb er 1085 in der Synode von Mainz von König Heinrich IV. abgesetzt wurde.

**Benno ist vor** dem nahenden König nach Italien geflohen und dort mit dem Gegenpapst Clemens III. zusammengetroffen. Gerade auf dessen Vermittlung hin finden wir Benno im Besitz seines Bistums Meißen, wohin er 1088 auch wieder zurückgekehrt ist. Der Grund für diese Wende Bennos von der

*Reliquiar in der Münchener Frauenkirche, um 1600*

## Brauchtum und Verehrung

Auf einem Seitenaltar im südlichen Seitenschiff in der Münchener Fauenkirche wird der Reliquienschrein des heiligen Bischofs mit einer Silberbüste aufbewahrt. Die Münchener Pfarrei St. Benno bemüht sich besonders, die Verehrung des Heiligen auch außerhalb Münchens lebendig zu halten.

## Darstellung, Attribute, Patronate

Attribut, mit dem der Heilige bildlich dargestellt wird, ist der Fisch mit dem Schlüssel. Auch heute noch ist der hl. Benno Patron von München und Bayern. Das kommt zum Ausdruck in seiner liturgischen Vorrangstellung, in vielen Abbildungen und Figuren in bayerischen Kirchen und Kapellen und in dem alljährlich in München feierlich begangenen Bennofest.

Anhängerschaft des Papstes Gregor VII. zu der des Gegenpapstes konnte bis heute nicht erhellt werden. Erst 1097 unterwarf er sich wieder dem rechtmäßigen Papst Urban II.

**Die Heimkehr des** Bischofs nach Meißen ist mit einer Legende umrankt: Benno kam unerkannt als Pilger in seine Bischofsstadt und kehrte dort in einem Gasthaus ein. Ein ungewöhnlich großer Fisch, der eben in der Elbe gefangen worden war, wurde dem Wirt gebracht. Bei der Zubereitung des Fisches fand sich unter seinen Kiemen der Domschlüssel, den der Bischof bei seiner Flucht in den Fluß geworfen hatte. Rasch verbreitete sich die Nachricht von diesem Vorfall und von der Rückkehr Bennos. Daraufhin eilten dem Bischof Domherren und Volk entgegen und begleiteten ihn wieder in seinen Dom.

**Benno widmete sich** angeblich in den folgenden Jahren sehr der Wendenmissionierung. Über sein bischöfliches Wirken in diesen zwanzig Jahren sind keine Quellen mehr vorhanden. Hochbetagt ist er am 16. Juni 1106 gestorben. Schon bald nach seinem Tod ist Bischof Benno wie ein Heiliger verehrt worden. Um 1280, beim Neubau des Meißener Doms, wurden seine Gebeine aus dem Grab erhoben. Bischof Wittigo I. ließ eine Tumba aus Marmor errichten, in der die Reliquien bis zu ihrer zweiten Erhebung nach der Heiligsprechung ruhen sollten. Zum ersten Mal erwähnt wird die Verehrung Bennos im Jahre 1285. Derselbe Bischof Wittigo gewährte allen einen Ablass, die Bennos Grab andächtig besuchen. Das Fest Bennos wird ab 1307 im Bistum Meißen feierlich begangen. Die Pilger kamen in so großer Zahl, dass Benno bis zum Ende des Mittelalters einer der bekanntesten Heiligen Deutschlands wurde. Schon Ende des 15. Jahrhunderts betrieben die sächsischen Fürsten und Geistlichen bei den Päpsten Alexander VI., Julius II. und Leo X. die förmliche Kanonisation. Am 13. Mai 1523 wurde der Prozess durch die Päpstliche Bulle »Excelsus Dominus« abgeschlossen.

**Der deutsche Papst** Hadrian VI. hat auf Betreiben Georgs, des Markgrafen von Meißen, und seines Sekretärs Hieronymus Emser die Verehrung Bennos bestätigt, gerade zu der Zeit, als Martin Luther und seine Anhänger gegen die Reliquien- und Heiligenverehrung Stellung bezogen. Schon ein Jahr später verfasste Luther seine Flugschrift: »Wider den neuwen Abgott und allten Teuffel, der zu Meyssen soll erhoben werden« und löste damit einen literarischen Kampf aus, wie er wohl sonst um keinen Heiligen geführt worden ist.

**Durch die große** Publizität des Streitfalls und die drohende Zerstörung der Verehrungsstätte im Meißner Dom mussten sich die bayerischen Herzöge als überzeugte Anhänger der Katholischen Lehre herausgefordert fühlen. Als Herzog Georg kinderlos starb und sein Bruder Heinrich in Sachsen den protestantischen Glauben einführte, konnten die Domherren und der Bischof von Meißen gerade noch rechtzeitig vor der Zerstörung des Hochgrabes die Reliquien Bennos in Sicherheit bringen. Die heimliche Rettung der Gebeine durch Herzog Albrecht V. nach München im Jahr 1576 wurde als Sieg im Glaubenskampf gewertet und als persönlicher Triumph des Hauses Wittelsbach gefeiert.

**Das Heiligtum wurde** zunächst als fürstliches Eigentum in der Hofkapelle aufbewahrt und erst 1580, auf Bitten der Geistlichkeit, zur öffentlichen Verehrung in die Frauenkirche übertragen. Von der Kanzel der Frauenkirche wurde der hl. Benno als Schutzpatron der Stadt München und des Herzogtums Bayern feierlich proklamiert. Der Ruf des wunderkräftigen Heiltums verbreitete sich bald im ganzen Land und löste einen Zustrom von Wallfahrern aus, deren Votivgaben und Geldspenden die Opferstöcke reichlich füllten. Noch im Juni des Jahres 1603 wurde mit dem Bau einer Benno-Sakristei begonnen, und ab Januar 1604 wurde nach einem Entwurf von Hans Krumper der Benno-Bogen errichtet. Neben der Schmerzensmutter in der Herzogspitalkirche war der Bennoaltar in der Frauenkirche die berühmteste Gnadenstätte Münchens. Am 31. Mai 1603 wurde in München die Bennobruderschaft zur Unterstützung verarmter Bürger und Handwerker gegründet. Bei jeglicher Krankheit ließ man sich die Inful des hl. Benno in der Frauenkirche aufsetzen. Aus den gedruckten Mirakelbüchern ist zu entnehmen, dass Ursachen für die Wallfahrten oft das Verlöbnis wegen innerer Krankheiten und rheumatischer Leiden waren.

*Peter Pfister*

### Literatur

Robert Böck, Die Verehrung des hl. Benno in München. Wallfahrtsgeschichte und Mirakelbücher, in: Robert Böck, Volksfrömmigkeit und Brauch. Studien zum Volksleben in Altbayern (Münchner Beiträge zur Volkskunde 10), München 1990, 19–59

# Hl. Quirinus von Tegernsee
## Märtyrer

### *16. Juni*

Mehrere Heilige tragen den altrömischen Namen Quirinus. Die bekanntesten davon sind der römische Tribun und Märtyrer Quirinus (gestorben um 130; Fest: 30. März), dessen Reliquien sich seit dem Mittelalter in Neuß am Rhein befinden und der in Nordwestdeutschland hoch verehrt wird, und der Bischof und Märtyrer Quirinus von Sissek (gestorben 308/9; Fest: 4. Juni). Hiervon zu unterscheiden ist der römische Märtyrer Quirinus, dessen Reliquien im frühen Mittelalter ins Benediktinerkloster Tegernsee kamen.

**Die älteste erhaltene** Legende erzählt, wie Quirinus unter Kaiser Claudius II. Gothicus (268 – 270) in Rom das Martyrium für seinen Glauben erlitt: »Zu Zeiten des Kaisers Claudius kam aus Persien ein Mann namens Marius mit seiner Frau Martha und seinen Söhnen Audifax und Abacuc nach Rom, um zu den Aposteln zu beten, denn sie waren Christen. Dort begannen sie, die Leiber der Heiligen in den Kerkern und Grabstätten aufzusuchen. ... Sie kamen ins Lager jenseits des Tiber und fanden im Kerker einen Mann namens Quirinus, der schon viele Schläge für den Namen Christi erduldet hatte und seines Vermögens beraubt worden war. Als sie zu ihm kamen, warfen sie sich ihm zu Füßen ..., damit er für sie beten möge. Und sie blieben dort acht Tage und begannen, aus ihrem Vermögen dem heiligen Quirinus aufzuwarten und die Füße derer zu waschen, die in Fesseln lagen.« Als »zur selben Zeit Claudius befahl, wenn Christen im Volk oder in Haft gefunden würden, diese ohne Untersuchung hinzurichten«, wurden viele Christen getötet. Und Marius und Martha gingen mit ihren Söhnen, um »die Leiber der Heiligen« zu begraben. »Als sie wieder nach Rom zu dem Lager kamen, suchten sie den heiligen Quirinus, und als sie ihn nicht fanden, wurden sie überaus betrübt. Doch sie fanden einen Priester namens Pastor. Der erzählte ihnen alles, was geschehen war, und wie in der Nacht der heilige Quirinus mit

*Kupferstich, 18. Jahrhundert*

## Brauchtum und Verehrung

Traditioneller Festtermin ist nicht der Todestag (25. März), sondern der Jahrestag der Übertragung nach Tegernsee (16. Juni). Während die Quirinusöl-Quelle inzwischen versiegt ist, waschen sich einzelne Besucher immer noch am Brunnen von St. Quirin die Augen aus. Im Innenhof des 1993 eingeweihten Tegernseer Pfarrzentrums »Quirinal« erinnert ein aus vier verschiedenfarbigen Steinsorten zusammengesetzter Brunnen an die vier Hauptwunder des Heiligen (Feuer-, Wasser-, Blut- und Ölwunder).

## Darstellung, Attribute, Patronate

Zumeist ist Quirinus als Kaisersohn in römischer Rüstung (mit Krone, Szepter, Reichsapfel) sowie Schwert und Palmzweig (als Zeichen des Martyriums) dargestellt. Als weitere Attribute finden sich Wassergefäß und Ölfläschchen. Quirinus ist Patron des Tegernseer Tals und mehrerer ehemals zum Kloster gehöriger Orte, die ihre Verbindung zum Teil heute noch (bzw. wieder) pflegen.

dem Schwert getötet und in den Tiber geworfen worden war und sein Leib auf der Insel Lycaonia verblieben war. Und sie machten sich zur Nachtzeit ... auf, bargen seinen Leib und bestatteten ihn in einem unterirdischen Gang auf dem Pontianus-Friedhof am 25. März.« Die Legende erzählt weiter von großer Verehrung, die dem Heiligen in Rom zuteil geworden sei.

**Um die Mitte** des 8. Jahrhunderts gründeten die beiden adeligen Brüder Adalbert und Otkar das Benediktinerkloster Tegernsee. Gemäß der Quirinus-Legende brachen sie dann nach Rom auf, »um die Stätten der Heiligen zu besuchen und mit Gottes Hilfe von dort einige Heiligenreliquien mitzubringen«. Als Lohn für Hilfe gegen seine Feinde versprach der Papst ihnen die Reliquien des hl. Quirinus aus der Pontianus-Katakombe. Um die Übertragung nach Tegernsee ranken sich drei Wundererzählungen:

**Als die Boten,** die im Auftrag der Klosterstifter den Heiligen nach Tegernsee holen sollten, aus Neugier versuchten das versiegelte Reliquienbehältnis zu öffnen, »da brach sofort, als sie die Bedeckung anzuheben versuchten, die Majestät Gottes in Gestalt flammenden Feuers hervor, und alle, die dabeistanden, wurden wie von einem Blitzstrahl getötet«. Die Flammen erwiesen die Anwesenheit eines wundermächtigen Heiligen.

**Als man kurz** vor der Ankunft – halbwegs zwischen Gmund und Tegernsee – noch einmal rastete, »floß dort, wo die Trage mit dem heiligen Leib gestanden war, eine lichte Quelle hervor. Sie war angenehm im Geschmack und heilsam bei Berührung, und viele Heilungen wurden dort durch die Kraft des Herrn gewirkt.« Über der Quelle wurde die Kirche von St. Quirin erbaut, in deren Mitte sich bis heute ein Ziehbrunnen befindet.

**Schließlich wurden die** Reliquien am 16. Juni 804 feierlich in der Klosterkirche beigesetzt. »Als er in die Grabstätte gelegt werden sollte, fiel durch die Umhüllung ein Teil seines Leibes in die Hände des Priesters, der so blutig war, als ob der Heilige an diesem Tag erst entleibt worden wäre.« Ein Glasgefäß mit der Blutreliquie befindet sich noch immer im Tegernseer Kirchenschatz.

**Quirinus wurde zum** Hauptpatron von Tegernsee. Seine Verehrung breitete sich überall dort aus, wo diese reiche Abtei Besitzungen hatte – bis nach Südtirol und in die Wachau. Spätere Ausschmückungen der Legende machten Quirinus zum Sohn des angeblich ersten christlichen Kaiser Philippus Arabs (244–249).

**Um 1430 entdeckte** man am Westufer des Tegernsees eine Erdölquelle. Man verwendete bis ins 19. Jahrhundert das Öl zu Heilzwecken bei Mensch und Vieh und schrieb seine Heilkraft der Fürsprache des heiligen Quirinus zu.

*Roland Götz*

Literatur

Johann Weißensteiner, Tegernsee, die Bayern und Österreich. Studien zu Tegernseer Geschichtsquellen und der bayerischen Stammessage. Mit einer Edition der Passio secundas. Quirini (Archiv für österreichische Geschichte 133), Wien 1983

Heilger Quirin, sei gepriesen,
Gottes Zeuge, hochgeehrt,
der sich standhaft hat erwiesen
und sich bis zum Tod bewährt.
Sankt Quirin, dem wir uns weihten,
sei in diesen Erdenzeiten
unser großer Schutzpatron.

Heilger Quirin, hoch erhoben
aus den Leiden dieser Zeit,
hell von Gottes Glanz umwoben
in des Himmels Herrlichkeit:
Sei uns nah in allen Stürmen,
neige dich, uns zu beschirmen;
unser großer Schutzpatron.

Quirinus-Lied; Text: Maria-Luise Thurmair, 1997;
Melodie: Gotteslob 615

# Hl. Ulrich
## Bischof von Augsburg

### *4. Juli*

Einer der bedeutendsten Volksheiligen ist Bischof Ulrich von Augsburg (923 – 973). Die wichtigste Quelle für die Darstellung seiner Biographie ist die wenige Jahre nach seinem Tod vom Augsburger Dompropst Gerhard verfasste »Vita sancti Oudalrici«, die aufgrund der zeitlichen und persönlichen Nähe des Verfassers zu Ulrich trotz einiger legendärer Versatzstücke ein glaubwürdiges Bild des Bischofs zeichnet.

**Sein Vater Hupald** stammte aus einer in Wittislingen beheimateten alamannischen Adelsfamilie, über seine Mutter Dietpirch war er mit den Burchardingern verwandt, die seit 917 Herzöge von Schwaben waren. Seine Erziehung und Ausbildung erhielt er von 900 bis 908 im Kloster St. Gallen, dessen Klosterschule im alamannischen Raum besonders angesehen war und von Notker Balbulus, einem der großen Gelehrten dieser Zeit, geleitet wurde. Es folgten zwei weitere Lehrjahre in Diensten des Augsburger Bischofs Adalpero (887 – 909), die ihm Gelegenheit gaben, bischöfliches Wirken und bischöfliche Pflichten aus erster Hand kennen zu lernen. Nach dem Tod Adalperos zog er sich aus dem bischöflichen Dienst zurück und lebte bei seiner inzwischen verwitweten Mutter Dietpirch. 923 wurde Ulrich nach dem Tod von Bischof Hiltine zum Bischof von Augsburg gewählt und von König Heinrich I. bestätigt. Am 28. Dezember 923 empfing Ulrich im Alter von 33 Jahren die Bischofsweihe.

**Ulrichs Tatkraft war** von Anfang an gefordert, da die Ungarn seit Beginn des 10. Jahrhunderts immer wieder von Südosten her nach Bayern vordrangen und auch das Gebiet des Bistums Augsburg, sogar die Stadt Augsburg selbst verwüsteten. Ulrich ließ den von den Ungarn zerstörten Dom wieder aufbauen und schützte seine Bischofsstadt durch einen Mauerring. Während der Regierungszeit des ersten sächsischen Königs engagierte er sich in der Reichspolitik noch

*Hl. Ulrich und hl. Emmeram. Tafelbilder in der Pfarrkirche Schaftlach-Hl. Kreuz, um 1520*

## Brauchtum und Verehrung

Die Verehrung des hl. Ulrich ist bis heute weit verbreitet. An sie knüpft sich ein vielgestaltiges Brauchtum an wie Ulrichsbrünnlein, deren Wasser bei Augenkrankheiten wirksam sein sollen, Ulrichswein, der den Gläubigen als »Ulrichsminne« gereicht wurde, Ulrichserde, die gegen Ratten helfen sollte, und Ulrichskreuze, die als heilbringend in vielen Nöten gelten.

## Darstellung, Attribute, Patronate

Der hl. Ulrich wird im Bischofsornat, manchmal zu Pferd in der Schlacht, meist mit seinem persönlichen Attribut, einem Fisch, oder auch mit Buch dargestellt. Er ist der Patron der Stadt und Diözese Augsburg sowie Mitpatron des Bistums Paderborn, der Weber, der Sterbenden, der Weinbauern, Fischer und Wandersleute; zudem wird er bei Wassersgefahren und Überschwemmungen angerufen.

nicht in besonderem Maße; lediglich seine Teilnahme an der Synode von Erfurt (932) ist nachweisbar. Intensiv dagegen widmete er sich von Anfang an der pastoralen Reform seiner Zeit. Er förderte die Domschule und sorgte sich um eine würdige Feier der Liturgie. Seelsorge und kirchliche Disziplin in seinem Bistum überwachte er durch Diözesansynoden, zu denen er zweimal jährlich seinen Diözesanklerus in Augsburg versammelte und vor allem durch regelmäßige Visitationsreisen in seinem Bistum. Sein persönliches Leben sollte als Vorbild für Volk und Klerus wirken.

**In der Regierungszeit** Ottos I. nahm seine Teilnahme an Reichsangelegenheiten zu. Er nahm an wichtigen Hoftagen und Synoden teil, so in Ingelheim 948, Augsburg 952, Rom 972 und nochmals Ingelheim 972. Während der Auseinandersetzung zwischen dem Sohn Ottos I., Liudolf, und dem König (953–955) finden wir Ulrich treu auf königlicher Seite. In ebendiese Zeit fällt eine der politisch bedeutsamsten Taten des Heiligen. Bei einem erneuten Vorstoß in das Reich im Jahr 955 belagerten die Ungarn wiederum die Stadt Augsburg. Ulrich gelang es, Augsburg zu verteidigen und das ungarische Heer so lange aufzuhalten, bis die Streitmacht Ottos I. eingetroffen war. In der Schlacht auf dem Lechfeld am 10. August dieses Jahres besiegte Otto die Ungarn vernichtend und beendete damit deren Angriffe.

**Ulrich ließ die** bei den Ungarnkämpfen zerstörte Kirche St. Afra wieder aufbauen und plante für sich eine Grablege ein. 968 gründete er außerhalb der Stadtmauern das Kanonissenstift St. Stephan und ein Spital.

Aufgrund seines Alters versuchte Ulrich, die Nachfolge auf dem Augsburger Bischofsstuhl in seinem Sinne zu regeln. Als nächsten Bischof sah er seinen Neffen Adalbero vor. 972 erreichte er zwar die Designation Adalberos zu seinem Nachfolger, dieser starb jedoch im folgenden Jahr noch vor Ulrich.

**Nach seinem Tod** am 4. Juli 973 wurde Ulrich in St. Afra von Bischof Wolfgang von Regensburg, dem er die Priesterweihe erteilt hatte, beigesetzt. Bereits ca. zehn Jahre nach seinem Tod begann der spätere Dompropst Gerhard, ein Zeitgenosse Ulrichs, die Lebensgeschichte des verstorbenen Bischofs aufzuzeichnen. Die Verehrung Ulrichs mag damals schon eingesetzt haben. Gemeinhin galt bisher Ulrich auch als derjenige Heilige, der als erster feierlich in Rom heilig gesprochen worden ist. Neuerdings ist die Echtheit der Kanonisationsurkunde vom 3. Februar 993 angezweifelt, aber auch nachdrücklich verteidigt worden.

*Guido Treffler*

Literatur

Manfred Weitlauff (Hg.), Bischof Ulrich von Augsburg 890–973. Seine Zeit – sein Leben – seine Verehrung. Festschrift aus Anlaß des tausendjährigen Jubiläums seiner Kanonisation im Jahre 993 (Jahrbuch des Vereins für Augsburger Bistumsgeschichte 26/27), Weißenhorn 1993

Streiter in Not, Helfer bei Gott!
Du Bischof und Held,
von Gott auserwählt,
mit Glaubenskraft beseelt!
Bitte für uns, bitte für uns,
Sankt Ulrich, Sankt Ulrich!

Drangsal und Leid schwertharter Zeit
besiegte dein Flehn.
Das Reich blieb bestehn,
das Gott uns ausersehn.
Bitte für uns ...

Armen in Not brachst du das Brot,
hast Hilfe gewährt
und Frieden beschert,
von Liebeskraft verzehrt.
Bitte für uns ...

Weise im Rat, mannhaft an Tat
und mächtig im Wort,
der Heimat ein Hort
bleib es auch immerfort.
Bitte für uns ...

Vater so mild, Wehr uns und Schild
für Wahrheit und Recht,
dass rein wir und echt,
nie sind der Lüge Knecht.
Bitte für uns ...

Mitten im Sturm, bleib uns ein Turm
der Zuflucht und Kraft,
die Rettung uns schafft
aus aller Nöte Haft.
Bitte für uns ...

Ulrichslied; Text: Arthur Piechler / Sr. Germana Förster, 1955; Melodie: Arthur Piechler

# Hl. Heinrich II. und hl. Kunigunde

## Kaiser und Kaiserin

### *13. Juli*

»Herr Heinrich, der bayerische Herzog, trat durch die Weihe des Willigis in die Herrschaft ein und lenkte die heilige Kirche Gottes mit wachsamster Sorge und Weisheit sein Leben lang sowohl im Hinblick auf den Klerus wie auf das Volk«. In diesen wenigen Worten der Vita Bischof Godehards von Hildesheim spiegelt sich präzise zusammengefasst das Herrschaftsprogramm Kaiser Heinrichs II. (1002 – 1024) wider. Er interpretierte seine Herrschaft nicht nur als weltliches, sondern auch als kirchliches Amt, das Reich und Kirche gleichermaßen umfasste.

**Geboren als Sohn** des bayerischen Herzogs Heinrich des Zänkers und der aus dem burgundischen Königshaus stammenden Gisela erbte er nach dem Tod des Vaters 995 das Herzogtum Bayern, das sich damals über die Alpen bis an die Adria erstreckte. Seine Ausbildung hatte er zunächst für den geistlichen Stand bei Bischof Abraham von Freising sowie in Hildesheim, dann in der herzoglichen Hauptstadt Regensburg unter dem hl. Bischof Wolfgang erhalten. Im Kloster St. Emmeram machte er Bekanntschaft mit der monastischen Reformbewegung, die sich – ausgehend vom lothringischen Kloster Gorze – über St. Maximin in Trier auch in Deutschland verbreitete. Zwischen 998 und 1000 heiratete er Kunigunde, eine Tochter aus dem Luxemburger Grafenhaus. Diese Heirat sollte sich als glückliche Entscheidung erweisen, denn Kunigunde entwickelte sich zur kongenialen Ratgeberin Heinrichs. Zeitweise übernahm sie sogar als Statthalterin die Regierungsgeschäfte, als Heinrich sich in Italien aufhielt.

**Nach dem plötzlichen** Tod Kaiser Ottos III. 1002 gelangte Heinrich mit der Unterstützung seiner bayerischen und einiger fränkischer Anhänger auf den deutschen Königsthron und wurde von Bischof Willigis in Mainz geweiht. Die Königsweihe war der entscheidende Akt, durch den Heinrich nach seinem Verständnis den göttlichen Herr-

*Christus krönt Heinrich und Kunigunde. Reichenauer Buchmalerei im Perikopenbuch Heinrichs II., um 1012/13*

## Brauchtum und Verehrung

Ab der Mitte des 13. Jahrhunderts werden Heinrich und Kunigunde als hl. Kaiserpaar verehrt. Im späten Mittelalter übertraf die Kunigundenverehrung die Heinrichs; sie nahm auf dem Hintergrund ihrer Legende Züge der Marienverehrung an. Zudem wurde sie als Repräsentantin eines kontemplativen Lebens gesehen.

## Darstellung, Attribute, Patronate

Heinrich wird in Rüstung oder Mantel mit Krone, Zepter und Reichsapfel dargestellt. Sein Attribut ist das Kirchenmodell des Bamberger Doms, manchmal auch die Lilie als Zeichen seiner ehelichen Keuschheit. Bisweilen hält er zusammen mit Kunigunde das Kirchenmodell. Auch Kunigunde trägt die kaiserlichen Insignien. Ihr persönliches Attribut ist – angelehnt an die Legende des Gottesurteils – die Pflugschar.

schaftsauftrag erhalten hatte. Er verstand sich als Stellvertreter des himmlischen Königs auf Erden, dem Gehorsam geschuldet wurde. Jeder, der sich seiner Königsgewalt widersetzte, versündigte sich damit auch gegen Gott. Im Reich erkannte er das Haus Gottes, er selbst verkörperte den Willen Gottes. Indem er sich der Sakralität seines Amtes bewusst war, strebte er danach, im Reich die Ordnung Gottes durchzusetzen, zumal er der Meinung war, sich »am Ende der Zeiten« zu befinden. Damit verband sich die besondere Verehrung des Erzengels Michael, des ersten Märtyrers Stephan, Marias, der Mutter des himmlischen Königs, und des Mönchsvaters Benedikt.

**Mit der Kaiserkrönung** im Jahr 1014 in St. Peter in Rom durch Papst Benedikt VIII. erweiterte sich Heinrichs Herrschaftsanspruch auf das christliche Europa. Seine Verantwortung war nicht mehr auf sein Königreich beschränkt, sondern dehnte sich auf die gesamte Christenheit aus.

**Seine Herrschaft sicherte** Heinrich durch die Besetzung wichtiger Bischofsstühle und zentraler Reichsstellen mit treuen Gefährten vor allem aus seiner Zeit als bayerischer Herzog ab. Man könnte dies geradezu als eine »Bajuwarisierung« des Reiches interpretieren. Im Zusammenhang damit ist die Wiedergründung des Bistums Merseburg 1004 und insbesondere die Gründung des Bistums Bamberg 1007 zu sehen. Mit dieser Neugründung konnte er den Obermainraum als Zentrum seiner Macht etablieren. Heinrich und Kunigunde statteten die Kirche von Bamberg mit umfangreichem Grundbesitz, aber auch mit anderen Schätzen aus. So verzichtete Kunigunde auf ihre Morgengabe zugunsten des neuen Bistums. Im Gegensatz zu ihren Vorgängerinnen nahm Kunigunde intensiv Anteil an der Regierung. Dies zeigt sich etwa an den Urkunden aus der Zeit Heinrichs II., in denen sie oft als Intervenientin auftritt. 1017 gründete sie das Kloster Kaufungen in der Nähe von Kassel, in das sie nach dem Tod Heinrichs 1024 als einfache Nonne eintrat; bis zu ihrem Tod 1033 (oder 1039) lebte sie in diesem Kloster.

**Die Ehe des** Kaiserpaares war kinderlos geblieben. Daran knüpften sich nach ihrem Tod zahlreiche Legenden an. So hieß es, dass die beiden eine Josephsehe geführt hätten, worauf sich die Heiligsprechung Heinrichs II. 1146/47 stützen konnte. Eine andere Legende schildert ein Gottesurteil, dem sich Kunigunde zum Beweis ihrer Jungfräulichkeit stellte: Sie schritt unversehrt über glühende Pflugscharen. Kunigunde wurde am 29. März 1200 von Papst Innozenz III. heilig gesprochen.

*Guido Treffler*

**Literatur**

Kaiser Heinrich II. 1002 – 1024, hg. von Josef Kirmeier / Bernd Schneidmüller / Stefan Weinfurter / Evamaria Brockhoff (Veröffentlichungen zur Bayerischen Geschichte und Kultur 44), Augsburg 2002

Klaus Guth, Die Heiligen Heinrich und Kunigunde. Leben, Legende, Kult und Kunst, Bamberg 1986

Allmächtiger Gott,
du hast dem heiligen Kaiser Heinrich
und seiner Gemahlin Kunigunde
irdische Macht anvertraut
und ihr Wirken mit der ewigen
Herrlichkeit belohnt.
Gib auch uns die Gnade,
dass wir unsere Aufgabe in dieser Welt erfüllen
und Erben deines Reiches werden.
Darum bitten wir durch Jesus Christus.

Tagesgebet am Fest der Heiligen Heinrich II. und Kunigunde

# Sel. Irmengard
## Äbtissin von Buchau und Frauenchiemsee

### *16. Juli*

Das Inselkloster Frauenchiemsee gehört zu den am schönsten gelegenen Klöstern in Altbayern. Es liegt in einer herrlichen Landschaft mitten im Chiemsee und ist ausgestattet mit bedeutenden Kunstwerken. Das Kloster auf der Fraueninsel wurde von Herzog Tassilo III. um 770 gegründet und gilt daher zugleich als eines der ältesten Frauenklöster Altbayerns. Es kam nach dem Sturz Tassilos in die Hand der Karolinger. Irmengard, oder Irmingard, wie sie in der ältesten schriftlichen Quelle genannt wird, die Tochter König Ludwig des Deutschen (843 – 876) leitete das Kloster auf Frauenchiemsee um 860 bis 866 als Äbtissin. Von ihr gibt es keine Vita und keine Annalen. Die Nachrichten aus der Klosterüberlieferung sind spärlich.

**Sicher ist, dass** König Ludwig der Deutsche und dessen Gemahlin Hemma die Eltern von Irmengard sind. Irmengard ist um 832/33 geboren, Geburtsort ist wohl Regensburg, die Lieblingsresidenz ihrer Eltern. Ihre Erziehung hat sie wohl in dem von ihrer Mutter geleiteten Stift Obermünster erhalten. 857 stand Irmengard dem Stift Buchau am Federsee vor. Keine Quelle gibt es hinsichtlich des Grundes und auch der Zeit, wann Irmengard von ihrem Vater die Abtei Frauenchiemsee erhalten hatte und warum sie in das Herzogtum Bayern wechselte. Erst ab einer Urkunde aus dem 14. Jahrhundert wird die Anwesenheit Irmengards in Frauenchiemsee als Äbtissin bezeichnet. Man kann aber sicherlich der Klosterüberlieferung folgen und Irmengard von Anfang an als Äbtissin von Frauenchiemsee bezeichnen. Ob Irmengard Äbtissin in Buchau und Frauenchiemsee gleichzeitig war oder ob sie das Amt in Buchau bei ihrem Wechsel nach Frauenchiemsee niedergelegt hat, kann nicht festgestellt werden. Auf jeden Fall war der Konvent auf Frauenchiemsee zunächst ein ähnlich freies Kanonissenstift wie in Buchau, der sich erst allmählich der benediktinischen Ordensregel zugewandt hatte. Die im 20. Jahrhundert durchgeführten Grabun-

*Andachtsbild, 20. Jahrhundert*

## Brauchtum und Verehrung

Durch die Seligsprechung nahm der Kult Irmengards von Chiemsee einen neuen Aufschwung. Gleichzeitig mit der Erzdiözese München und Freising führten auch die Bistümer Passau und Rottenburg-Stuttgart das Fest der sel. Irmengard ein. Passau trat offiziell in die Verehrung ein, da die Benediktinerinnenabtei Tettenweis eine Tochtergründung von Frauenchiemsee war. Das Stift Buchau am Federsee liegt im Bereich der Diözese Rottenburg-Stuttgart. Im Schwäbischen wurde Irmengard als Irmengard von Buchau bezeichnet und wurde nun auf diesem Weg in die Reihe der Seligen des Schwabenlandes aufgenommen, was in einem Irmengardfest vom 15. – 21. Juli 1930 in Buchau gefeiert wurde.

## Darstellung, Attribute, Patronate

Irmengard wird als Äbtissin mit Krone, flammendem Herzen in der Hand und Glocke auf dem Äbtissinnenstab dargestellt. Sie ist die Patronin des Chiemgaus.

gen und Untersuchungen auf Frauenchiemsee zeigen, dass Irmengard die Klostergebäude großzügig ausgebaut hat.

**Die doppelgeschossige Torkapelle** nördlich der Klosterkirche erinnert heute noch an diese spätkarolingische Klosteranlage. Die 1961 entdeckten Engelsfresken im Altarraum der Kapelle sind ein Hauptwerk der so genannten karolingischen Renaissance (Mitte des 9. Jahrhunderts). Aus der Klostertradition ist zugleich zu entnehmen, dass Irmengard nicht nur Königstochter und mächtige Oberin ihres Klosters war, sondern wohl auch eine charismatische Persönlichkeit, die der grundsätzlichen benediktinischen Ordnung »ora et labora«, zugleich auch tief geprägt von Gottes Liebe und Nächstenliebe, ihrer Führungsaufgabe gerecht wurde. Sicher bezeugt ist, dass Irmengard am 16. Juli 866, also höchstens im Alter von 34 Jahren, gestorben ist. Neueste Untersuchungen (2001) ihrer Reliquien haben dies bestätigt.

**Irmengards Grab wurde** schon bald nach ihrem Tod verehrt. Zu Beginn des 11. Jahrhunderts hatte Abt Gerhard von Seeon eine Bleitafel in den Sarkophag der Seligen gelegt, wo Irmengard als »hochselige Jungfrau« gepriesen wird. Dies bedeutet, dass der Sarkophag im Grab geöffnet wurde, was nur bei im Rufe der Heiligkeit stehenden Verstorbenen vorgenommen wurde. Man kann darin eine gewisse kirchliche Anerkennung des Kultes erkennen. Auf der Inschrift des 1473 erstellten Epitaphs Irmengards im

Münster auf Frauenchiemsee wird Irmengard als dem göttlichen Bräutigam vermählte Braut bezeichnet. Auch die Bitte um die himmlische Fürsprache, die Anrufung »ora pro nobis« enthält diese Inschrift. Die Reliquien der seligen Irmengard ruhten bis 1929 in einem Bleisarg im Grab unter dem Pfeiler der Westempore. Dort ist heute noch ein bescheidenes Hochgrab zu sehen.

**Das bereits von** Abt Gerhard von Seeon im 11. Jahrhundert und von Äbtissin Magdalena Haidenpucher im 17. Jahrhundert angestoßene Anliegen der offiziellen Seligsprechung Irmengards in Rom wurde schließlich nach der schweren Zeit des Ersten Weltkriegs von Erzbischof Kardinal Michael von Faulhaber aufgenommen. Auf die Bitten der Benediktinerinnen hin eröffnete er am 13. Juli 1922 den Informativprozess, der am 4. Oktober 1923 positiv abgeschlossen wurde. Papst Pius XI. bestätigte am 19. Dezember 1928 das Ergebnis des Münchener Informativprozesses und vollzog damit die Seligsprechung Irmengards von Chiemsee. Die von Kardinal Michael von Faulhaber verfasste oberhirtliche Botschaft über dieses freudige Ereignis erschien im Amtsblatt der Erzdiözese München und Freising vom 2. Februar 1929. Das Fest der seligen Irmengard wurde durch Dekret der Ritenkongregation vom 12. Juni 1929 auf den 17. Juli (also auf den ihrem Todestag folgenden Tag) festgesetzt. Vom 14. bis 17. Juli 1929 wurde dann das Fest der neuen Seligen auf Frauenchiemsee gefeiert. Die Reliquien Irmengards wurden in einen kostbaren Schrein aus Kristallglas mit versilbertem Metallrahmen in der Apostelkapelle im Münster, in der Irmengards Gebeine schon von 1631 bis 1641 ruhten, übertragen und wurden dort unter der Mensa des Altars der Kapelle hinter Glas eingeschlossen. Nun konnten die Gläubigen die Reliquien auch sehen. Die Kapelle wurde in Irmengardkapelle umbenannt.

*Peter Pfister*

**Literatur**

Bavaria Sancta III 67–90 (Peter von Bomhard)

Hans Pörnbacher, St. Irmengard. Die Heilige des Chiemgaus, Weißenhorn 1999

Herr Jesus, deine Liebe hat bewirkt,
dass deine selige Jungfrau Irmengard die vergehende Welt durchschaute,
um dir in Freude zu dienen.
Gewähre uns – wir bitten dich –,
dass wir durch ihre Fürsprache an allen Tagen unseres Lebens dir gefallen,
weil du selbst uns Herr bist in Ewigkeit.
Amen

Gebet von Kardinal Michael von Faulhaber zur Feier der Seligsprechung 1929

# Sel. Batho
## Priester in Freising, Glaubensbote

### *30. Juli*

Nicht viele wissen, dass das Bistum Freising schon wenige Jahrzehnte nach seiner Errichtung Missionare in die slawisch besiedelten Gebiete des östlichen Alpenraums gesandt hat. Namen und Schicksale dieser bayerischen Glaubensboten sind freilich so gut wie völlig unbekannt. Erst im 11. Jahrhundert begegnet in der Gestalt des seligen Batho ein wenigstens dem Namen nach bekannter Missionar.

**Aus der Überlieferung** des Kollegiatstifts St. Andreas auf dem Freisinger Domberg erfahren wir, dass der als selig verehrte Batho Kaplan bei Bischof Ellenhard (1052 – 1078) und Kanoniker zu St. Andreas gewesen ist, nachdem er sich vorher in der Mission große Verdienste erworben hatte. Kärnten soll der Wirkungskreis seiner missionarischen Arbeit gewesen sein, weshalb er manchmal als »Apostel Kärntens« bezeichnet wurde.

**Schwerpunkte der Freisinger** Missionsarbeit waren Innichen im Pustertal, Maria Wörth in Kärnten und Bischoflack in Krain (Slowenien). Missionarische, kolonisatorische und wirtschaftliche Ziele waren dabei unlösbar miteinander verknüpft. Dennoch darf der missionarische Charakter dieser Arbeit nicht zu gering angesehen werden. In der Gründungsurkunde von Innichen wird als ausdrückliches Ziel der Stiftung angegeben, »das ungläubige Volk der Slawen auf den Weg der Wahrheit zu führen«. Auch in Kärnten grenzten die geschenkten Güter an slawisch besiedelte Gebiete, die offenbar noch nicht völlig im christlichen Glauben gefestigt waren. Für die Mission in Krain bezeugen pastorale Texte in altslawischer Sprache das Bemühen der Freisinger Priester, dem Volk in seiner Landessprache entgegen zu kommen.

**Eine alte Legende** verband die Nachricht von Bathos missionarischem Wirken in Innichen mit einer dem Neuen Testament nachgebildeten Wundergeschichte: Er habe die bekehrten Heiden wunderbar mit Brot gespeist.

*Kupferstich-Kalender des Kollegiatstifts St. Andreas, 1764 (Ausschnitt)*

## Brauchtum und Verehrung:

Die Verehrung des sel. Batho – früher im Freisinger Andreas-Stift beheimatet – hat sich durch die Übertragung der Reliquien in den Markt Nandlstadt verlagert. Hier wird jährlich zum Batho-Fest eine Messe gesungen, die der frühere Pfarrer von Nandlstadt Josef Maier (✳1931) speziell für diesen Anlass komponiert hat.

## Darstellung, Attribute, Patronate

Die seltenen erhaltenen Darstellungen zeigen Batho entweder als Priester (mit Messgewand) oder in der Tracht der Kanoniker von St. Andreas (Talar, Chorrock und Mozzetta).

**Das Grab des** sel. Batho befand sich von Anfang an in der 1803 abgerissenen Andreaskirche, westlich der bischöflichen Residenz auf dem Freisinger Domberg. Im Jahr 1376 wurden seine Gebeine erhoben, zuerst in der Ulrichskapelle und später im Chor der Kirche beigesetzt, woran einst ein Gedenkstein erinnerte (heute als Fragment im Domkreuzgang). Im linken Schiff der Andreaskirche war Batho ein eigener Altar geweiht. Er muss um 1716 neu errichtet worden sein und war »von marmoriertem Holz mit gewundenen Säulen«. Über dem Altar standen die Figuren der Heiligen Hilaria und Thekla. Das Altarblatt zeigte den seligen Batho und stammte aus der Hand von Johann Andreas Wolffs Meisterschüler Johann Degler. Auf der Mensa stand ein Glasschrein mit den Reliquien des Seligen. Alle Sonn- und Feiertage wurde hier aufgrund einer Stiftung eine Messe gelesen. Auch eine der großen Statuen von Ignaz Günther am 1759 aufgestellten Hochaltar der Stiftskirche stellte Batho dar.

**Bei der Versteigerung** des gesamten Inventars von St. Andreas 1803 erwarb sich ein Bauer von Nandlstadt den Batho-Altar und den Reliquienschrein für insgesamt 9 Gulden. Nur das Bild von Degler wanderte in Staatsbesitz. Das »Opferstöckel von Eisenblech am St.-Batho-Altar« aber holte sich der Furtnerbräu. Seitdem befinden sich die Reliquien des sel. Batho in der Pfarrkirche von Nandlstadt. Sein Haupt ist heute in einer verglasten Nische in der Südwand der Kirche zu sehen.

*Josef Maß*


Literatur

Rudolf Goerge, »Der seelige Batho Priester zu Feysingen«. Leben, Legende und Verehruung eines Freisinger Heiligen, in: Amperland 17 (1981) 117 – 121

*Gründung des Freisinger Stifts St. Andreas 1062 durch Bischof Ellenhard in Anwesenheit des sel. Batho (links). Kupferstich auf dem Freisinger Hochstiftskalender 1724*

Gott, du Vater aller Menschen;
der selige Priester Batho
hat sich nicht mit dem Wirken in der Heimat begnügt,
sondern dein Evangelium zu den Heiden getragen.
Auf seine Fürsprache
hilf uns die Verantwortung sehen,
die wir alle für die Ausbreitung des Glaubens tragen.
Darum bitten wir durch Jesus Christus.

Tagesgebet am Fest des sel. Batho

# Hl. Afra
## Märtyrin in Augsburg

### *7. August*

Um die Wende zum 4. Jahrhundert lebte in Augsburg eine Christin mit dem Namen Afra. Offenbar erlitt Afra um 304 im Zuge der Christenverfolgungen des römischen Kaisers Diokletian († um 313) einen gewaltsamen Tod. Die Afra-Kultstätte lag ursprünglich wohl um die spätere Kirche St. Ulrich und Afra und damit in einem großen Gräberfeld. Dieses ist zugleich das Zeugnis einer lebendigen christlichen Gemeinde im spätantiken Augsburg. Hier bereits dürfte die Verehrung Afras eingesetzt haben; nachweisbar ist ein bis heute fortwährender Kult seit dem 6. Jahrhundert. In dieser Zeit wurde eine Kirche St. Afra in Augsburg zu Ehren der Heiligen erbaut und schon 582 zur Bischofskirche des Bistums Augsburg erhoben. Das Martyrium der Christin Afra zu Beginn des 4. Jahrhunderts zählt zu den frühesten christlichen Glaubenszeugnissen nördlich der Alpen. Die vermutete, bis heute jedoch nicht sicher nachgewiesene Grablege Afras öffnete man 1804 aus Anlass der 1500. Wiederkehr des Martyriums. Es fand sich ein römischer Sarkophag, der unter die Krypta der Augsburger Kirche St. Ulrich und Afra umgebettet wurde.

**Einen ersten Beleg** für die Verehrung Afras überliefert der aus Italien stammende merowingische Dichter und Hagiograph Venantius Fortunatus (um 536 bis nach 600). Venantius Fortunatus wallfahrtete im Jahr 565 zum Grab des hl. Martin von Tours in Gallien (Frankreich und Oberitalien), blieb dort und wurde schließlich zum Bischof von Poitiers ernannt. Am Ende einer Lebensbeschreibung des Heiligen Martin spricht Venantius Fortunatus sein Werk direkt an und schickt es fiktiv auf die Reise von Frankreich über Süddeutschland und Italien wieder nach Frankreich zurück. Auf der Reise durch Süddeutschland versäume es auf keinen Fall, so ermahnt der Dichter sein Buch, die »ossa sacrae … martyris Afrae« zu verehren, die Gebeine der Heiligen und Märtyrin Afra:

*Andachtsbild, 18. Jahrhundert*

## Brauchtum und Verehrung

Bei Friedberg wurde an der Stelle, an der Afra angeblich den Tod fand, ein Kirchlein erbaut: St. Afra im Felde, bald das Ziel vieler Wallfahrer. Zahlreiche Klöster, darunter St. Gallen, Einsiedeln und Lorsch, bemühten sich im Hochmittelalter offenbar erfolgreich um Afra-Reliquien.

## Darstellung, Attribute, Patronate

Afra und Ulrich sind die Patrone des Bistums Augsburg. Zugleich ist Afra Patronin der Stadt Augsburg, der Prostituierten und der armen Seelen. Angerufen wird Afra bei Feuersgefahren; auch Mütter kranker Kinder beten zu ihr. Dargestellt ist Afra meist als edle junge Frau am Pfahl, darunter aufloderndes Feuer und mit der Palme als einem Symbol für die Märtyrer.

»Wenn es Dir vergönnt ist, über die Flüsse der Barbaren zu gehen,
so daß Du friedsam den Rhein und die Donau überschreiten kannst,
so ziehst Du nach Augsburg, wo Lech und Wertach fließen;
dort sollst Du die Gebeine der heiligen Märtyrerin Afra verehren.«
*(Übersetzung: Martha Schad)*

**Möglicherweise liefert das** so genannte »Martyrologium Hieronymianum« einen noch älteren Beleg für Afras gewaltsamen Tod. Irrtümlich wurde dieses Martyrologium dem hl. Hieronymus zugeschrieben und etwa um das Jahr 600 verfasst. Die Urschrift ist nicht erhalten, dafür jedoch drei Abschriften. Das Martyrologium enthält über 6.000 Namen von Märtyrern und Heiligen aus dem Gebiet des Römischen Reichs. Im Falle der hl. Afra könnten sich die Angaben auf einen Mailänder Kalender aus dem 5. Jahrhundert beziehen. Jene drei Abschriften des Martyrologiums nennen übereinstimmend als Festtage für Afra den 7. August (Todestag) und den 6. August (Tag der Vorfeier des Festes).

**Die Legende der** hl. Afra ist in einer Leidensgeschichte in zwei Fassungen und einer Bekehrungsgeschichte überliefert. Die ältere der beiden Leidensgeschichten entstand um 800 und orientiert sich in ihrem Stil an den römischen Märtyrererzählungen. Im »Martyrologium Hieronymianum« findet sich bei dem Namen »Afra« der Begriff »Veneria«. Dies hat man auf Afra bezogen und als Hinweis auf ihren Beruf gedeutet. Danach war Afra als *Veneria* eine ‚Liebesdienerin', eine Dirne. Der Legende folgend kam Afra zusammen mit ihrer Mutter Hilaria und einiger Begleiterinnen in der zweiten Hälfte des 3. Jahrhunderts nach Augsburg. Orientiert man sich an Afras Namen, könnte er darauf hinweisen, dass Afra (»die Afrikanerin«) aus Afrika stammte. Eines Tages baten zwei Männer um Einlass in Afras Herberge. Afra vermutete, die Männer wollten ihre Liebesdienste in Anspruch nehmen. Doch als sie die Besucher andachtsvoll beten und von Jesus erzählen hörte, war Afra so ergriffen, dass sie immer mehr von Christus erfahren wollte. Alsbald erbat Afra ebenso wie ihre Mutter die Taufe, die einer der Besucher sogleich spendete: Es war ein spanischer Bischof, der zusammen mit seinem Diakon nach Augsburg geflohen war. Da Afra nicht bereit war, ihrem neuen Glauben abzuschwören, verurteilte sie der römische Statthalter zum Feuertod. Das Urteil wurde umgehend auf einer Insel im Lech vollstreckt. Wenig später ereilte die Mutter Hilaria und Afras Gefährtinnen dasselbe Schicksal.

**Zwar berücksichtigte diese** breit ausgeschmückte Legende nicht die schmale Basis der historisch nachweisbaren Fakten, doch bediente sie die Bedürfnisse der Pilger. Bis heute hat die Legende der hl. Afra ihre Faszination nicht verloren: Dies zeigt der 1992 erschienene Roman »Afra« von Eva Demski (✳ 1944).

*Christiane Schwarz*

Literatur
Friedrich Prinz, Die heilige Afra, in: Bayerische Vorgeschichtsblätter 46 (1981) 211 – 215
Martha Schad, Afra – Bilder einer Heiligen, Augsburg 1993

Heilige Afra, du von Gott Geliebte
mitten im Feuer bist du treu geblieben.
Groß war dein Glaube, brennend deine Liebe
zu dem Dreieinen.

Heilige Afra, du, wie Gott geläutert,
bitte für uns, daß wir im Glauben stehen
und in der Liebe Gottes Wege gehen
lauteren Herzens.

Heilige Afra schön im Glanze Gottes,
bleibe uns nahe, stärke unsre Treue,
bis wir verwandelt, uns mit dir erfreuen
ewig im Lichte.

Afra-Lied; Text: M. Adelgart, 1997; Melodie: Gotteslob 671

# Hl. Nonnosus
## Abt von Sorakte

### *2. September*

Der Name und der Festtag eines Heiligen bleiben oft auch dann noch im Gedächtnis der Kirche, wenn die näheren Umstände seines Lebens in Vergessenheit geraten sind. Immer wieder werden Heilige aber auch »neu entdeckt«. Am Beispiel des hl. Nonnosus ist dies besonders gut zu verfolgen.

**Die Reliquien eines** Heiligen dieses Namens kamen durch Bischof Nitker (1039 – 1052) nach Freising. Einige Zeit später (um 1190) ist überliefert, dass man ihn hier mit dem italienischen Mönch Nonnosus identifizierte, von dem Papst Gregor der Große (590 – 604) in einem ganzen Kapitel seines Buchs über die Heiligen Italiens (Dialoge I 7) erzählt. Nonnosus war demnach Mönch und später Prior des Klosters St. Silvester auf dem Berg Sorakte nördlich von Rom. Er war ein jüngerer Zeitgenosse des hl. Benedikt und starb um das Jahr 570. Gregor schildert ihn als Vorbild der Demut und Milde, der Frömmigkeit und des Gottvertrauens, aber auch als begnadeten Wundertäter. Er lebte in seinem Kloster unter einem äußerst strengen Abt, ertrug aber dessen Charakter stets mit wunderbarem Gleichmut, war selbst den Brüdern ein milder Oberer und besänftigte oft in Demut den Jähzorn des Abtes. Drei Wunder berichtet der Papst vom hl. Nonnosus: Da das Kloster auf dem Sorakte auf dem Gipfel des Berges lag, fanden die Brüder keinen Platz, um einen Garten anzulegen. Nur eine kleine Stelle bot sich an, auf der aber ein riesiger Fels lag. Auf das Gebet des Heiligen hin fanden die Mönche am anderen Tag den Stein an einer anderen Stelle. Ein anderes Mal entfiel Nonnosus eine gläserne Ampel beim Reinigen und zersprang. Als er in Angst vor dem strengen Abt betete und sich wieder aufrichtete, lag sie unversehrt vor ihm. Als in einem Jahr die Ölbäume des Klosters fast keine Frucht trugen, vermehrte er auf wunderbare Weise das Speiseöl der Mönche. In einem Brief Gregors des Großen wird Nonnosus – im Unterschied zu seinen »Dialogen« – als Abt bezeichnet.

*Nonnosus-Sarkophag in der Freisinger Domkrypta*

## Brauchtum und Verehrung

Verehrung des Mönchs bzw. des Diakons Nonnosus gab und gibt es in Kärnten, im Umkreis des Monte Soratte und in Freising. In der Freisinger Domkrypta wird von manchen immer noch der alte Brauch geübt, unter dem Steinsarg mit den Reliquien hindurch zu schlüpfen. Die Benediktiner verehren den Mönch Nonnosus als Ordensheiligen; der Diakon könnte zu einem Patron der Diakone werden.

## Darstellung, Attribute, Patronate

Nonnosus wird einerseits als Benediktiner-Mönch (in schwarzem Habit) bzw. als Abt (mit Stab) dargestellt. Fels, Ampel und Ölkrug (bzw. -zweig) verweisen auf die bei Gregor dem Großen erzählten Wunder. In den neueren Darstellungen als Diakon trägt er die zu diesem Amt gehörende Dalmatik. Er wird in Freising als Nebenpatron der Domkirche verehrt und traditionell von Rückenleidenden um Hilfe angerufen.

**Die erste »Wiederentdeckung«** des Heiligen in Freising ereignete sich beim Neubau des Doms nach dem Brand von 1159. Beim Ausheben der Fundamente fanden sich die sterblichen Überreste dreier Personen, die aufgrund der Aussagen hochbetagter Männer und sich ereignender Wunder als die Reliquien der Heiligen Alexander, Justinus und Nonnosus identifiziert wurden. Im Jahr 1161 übertrug Bischof Albert I. (1158 – 1184) in Anwesenheit des Salzburger Erzbischofs Eberhard I. die Nonnosus-Gebeine in die Domkrypta. Dort gerieten sie jedoch wieder in Vergessenheit.

**Die zweite »Entdeckung«** folgte 1708, bei der barocken Neugestaltung der Krypta. Ein an den alten Margarethen-Altar stoßender gemauerter Bogen wurde abgebrochen, durch den viele Rückenleidende zu schlüpfen pflegten, um wunderbare Heilung zu erlangen. Darin vermauert fand sich ein steinernes Behältnis mit dem Hauptteil der Nonnosus-Reliquien, dabei eine Inschriftplatte und die Siegel von 1161. Dieser Fund löste beim geschichtssinnigen Fürstbischof Johann Franz Eckher (1696 – 1727) größte Freude aus. Er ließ 1709 im Rahmen eines achttägigen Festes die Reliquien in einem eigenen Altar in der Domkrypta neu beisetzen. Hierher entwickelte sich in der Folgezeit eine lebhafte Wallfahrt.

**Eine völlig neue** Deutungsmöglichkeit zur Person des hl. Nonnosus eröffneten erst in jüngster Zeit archäologische Grabungen in der Pfarrkirche St. Tiburtius in Molzbichl (bei Spittal an der Drau in Kärnten). Hier, wo im

frühen Mittelalter einmal ein Kloster bestanden hatte, entdeckte man 1987 eine an der Frontseite des barocken Hochaltars eingemauerte frühchristliche Inschriftplatte. Ihr Text lautet übersetzt: »Hier ruht der Diener Christi Nonnosus, Diakon, der mehr oder weniger 103 Jahre lebte. Er starb am 2. September und wurde an diesem Ort bestattet am 20. Juli im elften Jahr der Indiktion, drei Jahre nach dem Konsulat der ‚viri clarissimi' Lampadius und Orestes« (d.h. im Jahr 533). Die spätantike Platte kann erst sekundär in die frühmittelalterliche Kirche übertragen worden sein; zuvor befand sie sich wohl in der 12 km entfernten antiken Bischofsstadt Teurnia (heute St. Peter in Holz). Dort könnte Nonnosus im 5. Jahrhundert als Diakon Sorge um die leiblichen Nöte der Menschen getragen haben. Eine Pilgerherberge bei der Bischofskirche wurde bei Ausgrabungen gefunden; caritative Hilfen aus Teurnia für die notleidenden Christen an der gefährdeten Donaugrenze in der Spätzeit des römischen Reiches sind bekannt. St. Peter in Holz war seit dem 9. Jahrhundert Besitz der Bischöfe von Freising, musste aber auf Druck der Erzbischöfe von Salzburg 1072 an diese abgegeben werden. Es ist vorstellbar, dass die Nonnosus-Reliquien zuvor nach Freising übertragen wurden. Eine Bestätigung dafür, dass es sich bei dem »Freisinger« Nonnosus um den Diakon aus Kärnten handelt, könnte das älteste Zeugnis der Nonnosus-Verehrung in Bayern sein: Ein um 1050/60 geschriebener Nachtrag zum Festkalender des Klosters St. Emmeram in Regensburg verzeichnet unter dem 2. September das Fest des »Diakons und Bekenners« Nonnosus.

**Die wissenschaftliche Diskussion** über den hl. Nonnosus ist noch nicht abgeschlossen. In jedem Fall aber stellt er eine Verbindung der heutigen Kirche von München und Freising zur blühenden Kirche der Spätantike dar – ob nun zum italienischen Mönchtum oder zu den frühen Christen an der Drau. Dieses Erbe gilt es – gleich dem hl. Nonnosus – immer wieder neu zu entdecken.

*Roland Götz*

Literatur

Karl Amon (Hg.), Der heilige Nonnosus von Molzbichl (Das Kärntner Landesarchiv 27), Klagenfurt 2001

# Hl. Magnus
## Mönch, Glaubensbote im Allgäu

### *6. September*

Das früheste Zeugnis für die Verehrung des hl. Magnus stellt das im 9. Jahrhundert verfasste Reichenauer Martyrolog mit der Erwähnung seines Namens und Festtages dar. Auskunft über das Leben dieses volkstümlichen Heiligen geben verschiedene Handschriften, deren Quellenwert zum Teil heftig umstritten ist. Die »Vita S. Magni vetus« war weit verbreitet. Sie wurde mehrfach überarbeitet, u.a. um 1067 durch den Regensburger Mönch Otloh von St. Emmeram.

**Diese Vita berichtet** zunächst vom Aufbruch der Mönche Gallus, Columban und Magnoald, wie er genannt wurde, aus Irland. Magnoald blieb mit Theodor bei Gallus am Bodensee und wurde schließlich Diakon. Nach Gallus' Tod kam der Priester Tozzo zu ihnen, um Missionare für das zum Teil noch heidnische Allgäu zu suchen. Magnoald – der nach einem Heilungswunder von den Bewohnern fortan Magnus, der Große, genannt wurde – und Theodor begleiteten Tozzo. Sie kamen in die Gegend von Kempten, die aufgrund gefährlicher Schlangen – die gefährlichen Tiere stehen hier für den Unglauben – unbewohnt war. Das Kreuz und der Wanderstab des hl. Gallus, welche Magnus mitführte, verhalfen ihm zum Sieg über eine Schlange, woraufhin auch alle anderen Untiere aus der Gegend verschwanden. So bildete sich eine christliche Gemeinde in Kempten, bei der Theodor blieb und später unter Schwierigkeiten eine Kirche errichtete, die im Beisein von Magnus vom Augsburger Bischof Wikterp geweiht wurde. Magnus zog mit Tozzo in die Gegend weiter, die »Schlund« (»fauces« – Füssen) genannt wird. Unterwegs tötete er einen Drachen in Roßhaupten, der den Weg versperrt hatte. An seinem Ziel angekommen, vertrieb Magnus zunächst die Dämonen und erbaute dann mit Tozzo – wie auch bereits in einem Ort am Lech – eine Kapelle, die Wikterp weihte. Dieser stellte Magnus nun Geistliche an seine Seite und König Pippin vermachte ihm Land, so dass eine klösterliche Gemeinschaft

*Hl. Magnus und hl. Gallus, Fresko in der Krypta der Pfarrkirche St. Mang in Füssen, um 980*

## Brauchtum und Verehrung

Verehrt wird der hl. Magnus im Allgäu, in der Ostschweiz und in Teilen Österreichs. Der volkstümliche Heilige wurde zu den Nothelfern gezählt. Auch heute finden noch Segnungen mit dem Reisestab des »Mäusepatrons« gegen Schäden auf den Feldern statt.

## Darstellung, Attribute, Patronate

Der hl. Magnus wird mit einem Stab Drachen bekämpfend dargestellt, oft ist er von Bären und anderen wilden Tieren umgeben. Er ist Patron des Allgäus, von Füssen und Kempten, sowie neben den Heiligen Afra und Ulrich Bistumspatron von Augsburg. Man erhofft von ihm Hilfe für das Vieh sowie gegen Schlangenbisse, Würmer, Ratten, Mäuse, sonstiges Feldungeziefer und Augenleiden.

entstehen konnte. Magnus, schließlich zum Priester geweiht, wirkte nun 25 Jahre in Füssen, verkündete den Glauben und wirkte Wunder. Auf dem Berg Säuling wurde er von einem Bären zu einer Eisenader geführt, woraufhin er seinem Knecht den Auftrag gab, den Menschen nach seinem Tod davon zu berichten, damit sie durch den Abbau eine Lebensgrundlage hätten. An einem 6. September verstarb Magnus mit 73 Jahren im Beisein von Theodor, seinem Gefährten, und Tozzo, der mittlerweile Bischof von Augsburg geworden war. Theodor legte eine von ihm verfasste Lebensgeschichte des Magnus in dessen Grab. Er verließ wegen Verfolgungen später Kempten und ging zu Abt Otmar, der beim Grab des Gallus lebte. In den folgenden Jahren kriegerischer Unruhen wurde auch das Kloster des Magnus in Füssen zerstört. Nach dessen Wiederaufbau wurden seine Gebeine vom Augsburger Bischof Lanto erhoben, wobei ein Heilungswunder geschah. Schließlich verfasste Ermenrich auf der Grundlage des Theodor die Vita.

**Die anachronistischen Aussagen** gerade im ersten Teil der Vita sind offensichtlich. So wird z. B. im ersten Teil Magnus, von Irland kommend, von Columban und Gallus begleitet. Dabei stimmen die Lebenszeiten der drei Heiligen nicht überein. Diese Passagen wurden aus den Viten des Columban und Gallus übernommen und auf Magnus zugeschnitten. Man vermutet zudem, dass Magnus nicht aus Irland stammte, sondern rätoromanischer oder alemanischer Herkunft war. Die Überlieferung stellte ihn aber bewusst in die Tradition der »peregrinatio«, der Pilgerschaft für Christus, sie will exemplarisch seine Christus-Nachfolge zeigen.

**Magnus, der um** 700 geboren wurde, lebte um 740 als Einsiedler am Grab des hl. Gallus, dem heutigen St. Gallen in der Schweiz, und starb zwischen 750 und 772 in Füssen. Die Vita ist mutmaßlich im Umkreis von Ermenrich von Ellwangen entstanden. Sie stützt sich auf eine nicht mehr erhaltene Vorlage aus dem 8. Jahrhundert. Die Erhebung der Gebeine datiert man um 840/50. Zahlreiche Reliquien wurden an andere Klöster verschenkt und so die Verehrung weiter verbreitet. Aus der von Magnus in Kempten gegründeten Zelle entwickelte sich später das bedeutende Stift. Ende des 10. Jahrhunderts errichtete man in Füssen anstelle des alten Klosters eine romanische Kirche, von der noch die Krypta erhalten ist. Darüber steht heute die barocke Kirche St. Mang. Die Reliquien des Heiligen sind seit den Ungarneinfällen verschollen. In seinem Hochgrab wurden nur noch ein Kelch und ein Stab aufgefunden, die seitdem als Reliquien verehrt werden. In der Krypta der Kirche St. Mang in Füssen erinnert ein um 980 entstandenes Fresko an Magnus, der einen wichtigen Beitrag zur Christianisierung dieser Region geleistet hat und so Apostel des Allgäus genannt wird.

*Susanne Kornacker*

Literatur

Dorothea Walz, Auf den Spuren der Meister. Die Vita des heiligen Magnus von Füssen, Sigmaringen 1989

Museum der Stadt Füssen / Kultur-Stiftung Füssen (Hg.), magnus. drache, bär und pilgerstab. 1250 jahre apostel des allgäus, Lindenberg 2000

Deshalb möge dies genügen,
was wir über diesen großen Patron geschrieben haben,
doch wollen wir ihn bitten,
daß er ebenso für unsere Seelen
um das Heilmittel der göttlichen Barmherzigkeit flehe,
wie er denen, die ihn verehrten,
durch seine Verdienste
Heilung an Leib und Seele vom Herrn gebracht hat,
damit wir Vergebung unserer Sünden erreichen
und ewiges Leben erlangen.
Dies gewähre unser Herr Jesus Christus,
der mit dem Vater und dem heiligen Geist
lebt und herrscht und gepriesen wird ohne Ende,
Gott von Ewigkeit zu Ewigkeit. Amen.

Vita S. Magni vetus, 28. Kapitel

# Sel. Otto
## Bischof von Freising

### *7. September*

Bischof Otto gilt als die bedeutendste Gestalt unter den Nachfolgern des heiligen Korbinian auf dem Freisinger Bischofsstuhl. Als Spross des Geschlechts der Babenberger gehörte er dem europäischen Hochadel an: Markgraf Leopold III. (der Heilige) von Österreich war sein Vater, der deutsche König Konrad III. sein Halbbruder und Kaiser Friedrich Barbarossa sein Neffe. Um 1112 wurde Otto als fünfter Sohn des Markgrafen geboren, schon als Kind war er für eine hohe geistliche Laufbahn bestimmt.

**Deshalb schickte sein** Vater ihn an die damals führenden philosophisch-theologischen Ausbildungsstätten. Bei seinen Studien in Paris und Chartres lernte er durch die berühmtesten Gelehrten seiner Zeit die antike Philosophie und die neue scholastische Theologie kennen. Im Frühjahr 1132 trat er mit Studiengefährten die Heimreise an; bei einer Übernachtung im Kloster Morimond (nördlich von Dijon) war er von der dortigen Lebensform so fasziniert, dass er zusammen mit 15 Gefährten in das Kloster eintrat und Mönch des jungen Zisterzienserordens wurde, der sich eine strenge Befolgung der Benediktregel zum Ziel gesetzt hatte. Sechs Jahre lebte er hier als Novize und Mönch; seinen Vater regte er zur Gründung des Zisterzienserklosters Heiligenkreuz bei Wien an. 1138 wählte ihn der Konvent von Morimond zum Abt, doch kurz darauf wurde er bereits Bischof von Freising. Er war damit der erste Zisterzienser auf einem deutschen Bischofsstuhl; auch in diesem Amt trug er weiter den grauen Habit seines Ordens.

**Die Bestellung zum** Bischof von Freising war wohl nicht ganz ohne Zutun König Konrads erfolgt. In einer Zeit großer politischer Spannungen galt Ottos erste Sorge der Sicherung von Rechten und Besitz seines Bischofsstuhles, die er sich durch Kaiser und Papst bestätigen ließ, um dann an die innere Erneuerung des Bistums gehen zu können.

*Denkmal von Kaspar Zumbusch auf dem Freisinger Domberg, 1857*

## Brauchtum, Verehrung , Wallfahrt

Im Vergleich mit der Hochachtung als Geschichtsschreiber tritt die Verehrung als Seliger zurück. Sie konzentriert sich auf den Zisterzienserorden und sein ehemaliges Bistum. Das österreichische Herrscherhaus zählte ihn zu seinen heiligen Vorfahren. Heute wird seine Bedeutung als länderübergreifende, europäische Gestalt betont. 1995 errichteten die Freunde Morimonds und die Erzdiözese München und Freising auf dem Gelände der ehemaligen Abtei eine Gedenkstele, die an ihre Verbindung durch Otto erinnert.

## Darstellung, Attribute, Patronate

Die Darstellung Ottos ist die für einen Bischof übliche: Messgewand, Stab, Mitra und das Buch der Heiligen Schrift. Eine Schreibfeder weist manchmal auf seine schriftstellerische Tätigkeit hin.

**Bei Reisen prüfte** er den Stand der Seelsorge und weihte Kirchen (z.B. Kemoden und St. Peter auf dem Madron). Er bemühte sich um die Reform der Klöster und um eine bessere Bildung des Klerus. Zur Unterstützung der Seelsorge erneuerte bzw. gründete er die Chorherrenstifte Schliersee, Schlehdorf, Schäftlarn und Neustift bei Freising. Dem Freisinger Domkapitel gab er eine neue Lebensordnung.

**Als Reichsbischof war** er auch Teil der politischen Führungsschicht. So musste er immer wieder den König auf Reisen begleiten, an Reichstagen teilnehmen, Gesandtschaften übernehmen und Streitfälle schlichten. Auf dem zweiten Kreuzzug führte er 1147 – 1148 selbst einen Teil des Kreuzfahrerheeres; doch endete das ganze Unternehmen in einem schlimmen Misserfolg.

**Eine Niederlage erlitt** Otto auch im Machtkampf mit den Vögten der Freisinger Kirche aus dem aufstrebenden Geschlecht der Wittelsbacher und durch die Gewalttat des bayerischen Herzogs Heinrich des Löwen, der 1158 die bischöfliche Zollbrücke bei Föhring zerstörte und nach München verlegte.

**Als Geschichtsschreiber und** theologischer Geschichtsdeuter dagegen erlangte Bischof Otto europäischen Rang. 1143 – 1146 verfasste er eine Weltchronik: Die »Chronik oder Geschichte der beiden Staaten« reicht von der Erschaffung der Welt bis in seine Gegenwart und schließt mit einem Ausblick auf das Ende der Welt. Nach dem Vorbild des hl. Augustinus wird die Weltgeschichte theologisch gedeutet als Auseinandersetzung zwischen dem »Gottesstaat« und dem Welt- oder Teufelsstaat. In der Aufeinanderfolge der Weltreiche zeigen sich »Wandel und Unbeständigkeit der irdischen Dinge«. Im Mittelpunkt der Darstellung stehen die Geschichte des Reiches und des Kaiserhauses. Bischof Ottos »Chronik« gilt bis heute als Meisterwerk mittelalterlicher Geschichtsschreibung. Als zweites Werk begann er 1157 eine Darstellung der Taten seines Neffen Friedrich Barbarossa, die wegen seines Todes unvollendet blieb.

**Sein langjähriger Mitarbeiter** Rahewin setzte sie fort und widmete ihm darin einen ausführlichen Nachruf (Gesta Frederici IV,14 – 15): »Mit wissenschaftlichen Kenntnissen in mehr als mittelmäßiger oder gewöhnlicher Weise ausgerüstet, galt er unter den deutschen Bischöfen als der erste oder als einer der ersten; denn außer der Kenntnis der Heiligen Schrift, deren geheimnisvolle und tiefsinnige Aussprüche er besser verstand als andere, hat er fast als erster die Subtilitäten der philosophischen und der Aristotelischen Schriften über die Topik, die Analytik und die Beweisführung unserem Heimatland vermittelt.« Mit Gottes Hilfe hatte er seine Kirche, »als er aus dem Leben schied, wieder so weit in die Höhe gebracht, daß er dem Klerus Religion, den Eigenleuten die Freiheit, der Kirche ihren vollen Besitz und den Gebäuden ihr schmuckes Aussehen zurückgegeben hatte, und seine Sorge, seine Mühe und sein Verdienst um seinen Stuhl und seine Gemeinde waren so groß, als wäre er nicht der Wiederhersteller, sondern der Gründer des Bistums.«

**Bischof Otto starb** im Alter von 46 Jahren am 22. September 1158 auf der Reise nach Cîteaux, zum Generalkapitel seines Ordens, in seinem Professkloster. Nahe beim Hochaltar der Abteikirche von Morimond erhielt er sein Grab. Im Gefolge der Französischen Revolution wurde die Klosteranlage fast vollständig zerstört. Ottos Grab ist seitdem verschollen.

*Roland Götz*

Literatur

Christenleben im Wandel der Zeit I 56 – 79 (Hubert Glaser)
Zwischen Morimond und Freising. Die Zisterzienser bauen Europa (Ausstellungen im Archiv des Erzbistums München und Freising. Kataloge 5), München 2000

Fragst du nach dem Stand: von Würde war er Bischof;
nach der Gestalt: anmutig, geschmeidig, im besten Mannesalter;
nach der Abstammung: ein Adeliger von hoher königlicher Majestät;
nach dem Charakter: empfohlen durch wunderbare Rechtschaffenheit;
nach dem religiösen Habitus: er führte sich als Mönch;
nach der Geisteshaltung: er verteidigte die Ideen.
Die Jungfrau, deren Fürbitte er verdient hat,
möge ihn bei dem, den sie empfangen hat, empfehlen.

Aus der von Rahewin gedichteten Grabschrift; Übersetzung: Hubert Glaser

# Hl. Notburga
## Dienstmagd in Eben/Tirol

### *13. September*

Aus dem Jahr 1434 stammt die früheste sichere Nachricht von Notburgas Verehrung: Als am 20. August das alte Ruperts-Kirchlein in Eben am Achensee nach Erweiterung neu geweiht wird, wird es in der Weiheurkunde als »Kapelle zur hl. Notburga« bezeichnet.

**Die älteste, vielleicht** noch aus dem Mittelalter stammende Erzählung über ihr Leben stand einst auf einer hölzernen Tafel geschrieben, die über ihrem Grab aufgehängt war. Danach war sie Köchin im Schloss eines Edelmanns und speiste mit den Resten von der herrschaftlichen Tafel die Armen. Die Herrin aber befahl ihr, damit die Schweine zu füttern. Notburga fuhr gleichwohl fort in ihrem Tun, und als der Herr sie dabei überraschte, verwandelten sich die Speisen, die sie in ihrer Schürze trug, zu Hobelspänen. Notburga verließ das Schloss: Die Herrin aber starb und musste wegen ihrer Hartherzigkeit nächtens im Schweinestall herumgeistern. Notburga trat nun in den Dienst eines Bauern – unter der ausdrücklichen Bedingung, nach Feierabend keine Feldarbeit mehr tun zu müssen. Als man eines Samstags auf dem Feld Weizen schnitt, hängte sie bei Feierabend ihre Sichel auf und ging zu Gebet und Hausarbeit. Der Edelmann und seine zweite Frau holten Notburga wieder auf ihr Schloss und erlaubten ihr, die frühere Wohltätigkeit weiterzuführen. Vor ihrem Tod bat sie, ihren Leichnam auf einen Wagen mit zwei Ochsen zu legen und sie zu begraben, wohin das Gespann sie führte. Die Tiere zogen über den Inn hinüber auf einen hohen Berg, wo der Edelmann eine Kirche erbauen ließ – die spätere Notburga-Kirche von Eben.

**Historische Angaben über** Notburgas Lebenszeit und die Orte ihres Wirkens lassen sich dieser Legende nicht entnehmen. Diese näher aufzuklären, bemühte sich im 17. Jahrhundert der fromme Haller Stiftsarzt Hippolyt Guarinoni, auch er konnte aber keine sicheren Nachrichten auffinden und

*Altarfigur von Ignaz Günther in der Pfarrkirche Rott am Inn-St. Peter und Paul, Marinus und Anianus, 1761/62*

## Brauchtum und Verehrung

Bis heute kommen zahlreiche Besucher, vor allem aus Tirol und Bayern, nach Eben. Hauptfest ist der »Notburga-Sonntag« (jeweils nach dem 13. September), an dem (seit 1862) für die große Schar der Pilger die Predigt vom Balkon des Mesnerhauses neben der Kirche gehalten wird. Die 1426 in München gegründete Tagwerker-Bruderschaft steht seit 1753 unter dem Patronat der Heiligen Isidor und Notburga. Zahlreiche Votivtafeln zeugen von der Wallfahrt zur hl. Notburga in der 1749 erbauten Kirche von Weißling bei Kollbach.

## Darstellung, Attribute, Patronate

Notburga wird in der ländlichen Kleidung einer Dienstmagd dargestellt. Ährenbündel und Schlüsselbund verweisen auf ihre Tätigkeit; Brot, Kanne und Sichel auf die beiden bekanntesten Wunder. Sie ist Patronin der Dienstboten, der Bauern und der Armen.

war auf Vermutungen sowie mündliche Mitteilungen aus der Bevölkerung angewiesen. Nach seiner, um 1622 verfassten Lebensbeschreibung wurde die Heilige 1265 als Tochter einfacher Hutmachersleute im damals noch bayerischen Rattenberg am Inn geboren. Mit 18 Jahren trat sie auf der nahen Rottenburg in den Dienst als Köchin und Beschließerin bei der dortigen Grafenfamilie. Graf Heinrich II. und seine erste Gemahlin Ottilie waren ihre Herrschaft. Danach arbeitete Notburga auf dem Spießen-Hof bei Eben, bis sie zu Graf Heinrich und seiner zweiten Frau Margaretha zurückkehrte. Sie starb am 14. September 1313.

**Guarinoni gab auch** den beiden bekanntesten Wundern Notburgas ihre endgültige Fassung: Sie brachte nach dem Verbot ihrer Herrin den Bedürftigen nur noch etwas von ihrem eigenen Essen. Statt Brot in der Schürze und Wein in einer Kanne sah und kostete der Graf Hobelspäne und Lauge. Und als der Spießen-Bauer von ihr verlangte, auch nach dem Gebetläuten noch weiter Getreide zu schneiden, rief sie Gott zum Zeugen für ihr Recht an und hängte dabei ihre Sichel in die Luft, die an einem Sonnenstrahl hängen blieb.

**Notburga ist das** Idealbild christlicher Nächstenliebe und Frömmigkeit. Wallfahrten zu ihrem Grab sind seit dem 15. Jahrhundert bekannt. Förmlich selig oder heilig gesprochen wurde sie freilich nie.

**Im Jahr 1718** erteilte der zuständige Brixener Fürstbischof die Erlaubnis, in der Kirche von Eben nach Notburgas Grab und Reliquien zu suchen. Wirklich fand sich ein

Stück vorderhalb des Hochaltars eine Grabstelle. Die darin liegenden Gebeine wurden zunächst an Ort und Stelle belassen. Doch wurde der Wunsch, die Reliquien zur Verehrung sichtbar auszustellen, immer lauter. So entnahm man sie 1735 mit bischöflicher Genehmigung dem Grab und ließ sie kostbar fassen. 1738 erfolgte die feierliche Ausstellung des heiligen Leibes im Hochaltar der inzwischen neu gebauten Kirche – mancher heutige Besucher erschrickt wohl zunächst, wenn er das bekleidete Skelett hier in einem Glasschrein stehen sieht. Die alte Grabstelle ist im Boden durch eine Marmorplatte gekennzeichnet.

**Das Bemühen um** eine offzielle Anerkennung des Kults führte 1862 zum Erfolg: Am 27. März bekräftigte Papst Pius IX. ein entsprechendes Dekret der Ritenkongregation. Somit war die allgemeine Feier des Notburga-Festes gestattet, weil nachgewiesen werden konnte, dass die Heilige »seit unvordenklicher Zeit« bis in die Gegenwart ununterbrochen öffentlich verehrt wurde.

*Roland Götz*

Literatur

Franz Caramelle / Wolfgang Ingenhaeff / Peter Orlik / Ludwig Penz, Sankt Notburga. Die Volksheilige aus Tirol in Geschichte, Kult und Kunst, Hall in Tirol 1996

Notburga – Mythos einer modernen Frau [Ausstellungskatalog], Reith im Alpbachtal 2001

Heilige Notburga

Anwältin der Arbeitenden –
wenn Arbeitslosigkeit uns bedroht,
tritt für uns ein.

Zuflucht in all unseren Nöten –
wenn Menschen in Hunger und Elend leben,
sei du unser Vorbild der Hilfe.

Beschützerin der Bauern, des Viehs, der Felder und Fluren –
wenn Natur und Umwelt missachtet werden,
rüttle uns auf.

Kämpferin für Freizeit und Sonntag –
wenn Sonntag und Freizeit bedroht sind,
sei du uns Mahnung.

Vorbild in der Treue zu Gott –
wenn unser Gottvertrauen schwindet,
sei uns zugegen.

Heilige Notburga, bitte für uns. Amen.

Gebet, verfasst vom Ebener Pfarrer Erwin Corazza, um 1992

# Hl. Lantbert
## Bischof von Freising

### *18. September*

Lantbert war der 13. Bischof des Bistums Freising. Er leitete die Diözese von 937–957. Während seiner Regierungszeit fielen wiederholt die Ungarn in Bayern ein, bis sie im Jahr 955 auf dem Lechfeld bei Augsburg entscheidend zurück geschlagen wurden. Das Volk verehrte ihn als den großen Beter und schrieb ihm in Freising die Rettung des Domes vor den Ungarnhorden zu. Lantbert starb am 19. September 957.

**Wie die meisten** Bischöfe dieser frühen Zeit stammt Lantbert aus dem einheimischen Adel und gehörte wahrscheinlich schon vor seiner Bischofsweihe zum Domklerus in Freising. Als er das Bistum übernahm, lebte das Land in ständiger Bedrohung durch die kriegerischen Ungarn. Zu Beginn des 10. Jahrhunderts war sein Vorgänger, Bischof Uto (906–907), in der Schlacht bei Pressburg gefallen. Siebenmal fielen in der Regierungszeit Lantberts die gefürchteten Reiterscharen aus dem Osten in Bayern ein, verwüsteten das Land und plünderten Kirchen und Klöster. In dieser Not fügte man damals einer alten Litanei am Dom die Bitte ein: »Ab incursione alienigenarum libera nos Domine« (Vom Einfall der Fremden erlöse uns Herr). Ob Bischof Lantbert an der Schlacht auf dem Lechfeld am Laurentiustag des Jahres 955 teilgenommen hat, wissen wir nicht. In all diesen Stürmen aber ist der Freisinger Domberg verschont geblieben. Es ist möglich, dass der Bischof dies durch Tributzahlungen erreicht hat, ähnlich wie Erzbischof Herold in Salzburg. An dieser Stelle setzte später die Legende ein.

**Um die Erhaltung** des Friedens setzte sich Bischof Lantbert in den inneren Auseinandersetzungen des Landes ein. Als sich Liudolf gegen seinen Vater, König Otto I., erhob, trat der Freisinger Bischof im Gegensatz zum Salzburger Erzbischof diesem Aufstand nicht bei. Lantbert scheint in einem sehr guten Verhältnis zu König Otto I. gestanden zu haben, obwohl er nicht zu den großen

*Miniaturmalerei von Sr. Katharina Kreitmayr (Altomünster) in einem Reliquiar des Freisinger Doms, um 1700*

### Brauchtum und Verehrung

Lantbert ist der einzige Diözesanbischof in der langen Geschichte des Bistums Freising, der als Heiliger verehrt wird. Der Schrein mit seinen Reliquien befindet sich in der Krypta des Freisinger Doms.

### Darstellung, Attribute, Patronate

Dargestellt ist Lantbert oft mit einem Lamm als Attribut (als Kennzeichen des »Seelenhirten« oder wegen des Anklangs an seinen Namen) oder im Gebet für das bedrohte Freising. Er ist Patron des Bistums und besonders der Stadt Freising.

und einflussreichen Persönlichkeiten des Reiches gehörte.

**Als der König** im Jahr 952 auf dem Lechfeld bei Augsburg einen Reichstag abhielt, traten im Anschluss daran die Bischöfe zu einer kirchlichen Reformsynode zusammen. Die Wirren der Zeit hatten sich auch nachträglich auf Sitte und Zucht im Volk, bei den Priestern und in den Klöstern ausgewirkt. Damit verbunden war ein auffallender kultureller Niedergang in Bayern. Mit solchen Sorgen hatte sich diese Synode von 952 zu befassen. Der König hat nach dem Brauch der Zeit die Versammlung einberufen und auch an ihr teilgenommen. Neben Bischof Lantbert waren noch zwei weitere Bischöfe anwesend, die als Heilige verehrt werden: Ulrich von Augsburg und Konrad von Konstanz. Die eigentliche Reformarbeit aber konnte Lantbert nur mehr beginnen, da er schon wenige Jahre später starb. Sie wurde zielstrebig fortgeführt von seinem Nachfolger, Bischof Abraham (957 – 993/4).

**Die Legende berichtet** im späten Mittelalter, auf die Fürbitte Mariens, der Patronin der Domkirche, und durch das Gebet Bischof Lantberts seien die in Freising durchziehenden Ungarn mit Blindheit geschlagen worden, so dass sie den Domberg nicht sehen konnten. Etwas später wandelt sich die Legende zum Nebelwunder: Auf das Gebet des hl. Lantbert hin sei so starker Nebel eingefallen, dass die Feinde den Domberg nicht sehen konnten. Nach einer letzten Version der Legende hat der starke Nebel die bereits angelegten Brandfackeln zum Erlöschen gebracht.

**Lantbert ist schon** sehr bald nach seinem Tod im Volk als Heiliger verehrt worden, obwohl in dieser Zeit noch keinerlei Wunder mit seinem Leben in Verbindung gebracht wurden. Es wurde zunächst auch keine Lebensbeschreibung verfasst, die ihm – wie sonst durchaus üblich – manches Mirakelhafte zugedichtet hätte. Er galt einfach als eine große Betergestalt auf dem bischöflichen Stuhl. Eine alte Inschrift im Chor des Freisinger Domes brachte zum Ausdruck, dass hier vor dem Altar sein liebster Platz gewesen sei. Ein gutes Jahrhundert nach seinem Tod ist bereits urkundlich zu belegen, dass ein Grab erhoben war; Zeichen dafür, dass er als Heiliger verehrt werden durfte. An seinem Grab wurden Stiftungen niedergelegt, deren Ertrag den Armen zugute kommen sollte, »die vor der Türe stehen«.

*Josef Maß*

*Reliquienschrein von Erhard Hößle in der Krypta des Freisinger Doms, gestiftet von Erzbischof Julius Kardinal Döpfner, 1973*

Literatur

Joseph A. Fischer / Johannes Fuchs / Adolf W. Zieger (Hg.), Lantbert von Freising 937–957. Der Bischof und Heilige. Erinnerungsgabe an die Jahrausendfeier 1957 (Beiträge zur altbayerischen Kirchengeschichte 21/1), München 1959

Joseph A. Fischer, Die Freisinger Bischöfe von 906 bis 957 (Studien zur altbayerischen Kirchengeschichte 6), München 1980, 79–156

Es freue sich die ganze jungfräuliche Mutter Kirche,
erfreut durch die großen Verdienste des hervorragenden Bischofs Lantbert.
Es freue sich das glückliche Bayern,
gesegnet mit einem so liebenswürdigen Sproß.
Es juble vor allem die Stadt Freising,
geehrt durch die Lehre, den Schutz
und den heiligen Leib ihres großen Bischofs.
Mögen wir verdienen,
stets seine fromme Fürbitte beim Herrn, unserem Gott, zu erfahren.

Hymnus aus einem Freisinger Homiliar des 11. Jahrhunderts

# Hl. Emmeram
## Bischof von Regensburg, Glaubensbote in Bayern, Märtyrer

### *22. September*

Gemeinsam mit Rupert von Salzburg und Korbinian von Freising zählt Emmeram zu den großen Missions- und Wanderbischöfen des 7. und frühen 8. Jahrhunderts im frühmittelalterlichen Bayern. Die berühmte Beschreibung Bayerns in der Vita Emmerams durch Arbeo führt dem Leser ein bereits weitgehend christianisiertes Land vor Augen. Die erste, vom Kloster Luxeuil ausgehende Missionierungswelle im frühen 7. Jahrhundert scheint die weltliche Führungsschicht weitgehend erfasst zu haben. Mit dem Auftreten Emmerams beginnt der zweite Abschnitt der Christianisierung Bayerns, der durch Bemühungen um die Stärkung des neuen Glaubens gekennzeichnet ist und mit der Bistumsorganisation durch Bonifatius 739 seinen Abschluss fand.

Gefördert wurde diese Entwicklung durch die Agilolfinger, die seit ihrer ersten Nennung im sechsten Jahrhundert als christlich anzusprechende bayerische Herzogsfamilie. Gleichzeitig beginnt das Land selbst zu sprechen; erste schriftliche Zeugnisse entstanden in Bayern, den Anfang bildete dabei um 770 die Lebensbeschreibung Emmerams durch seinen Hagiographen Arbeo.

In der zweiten Hälfte des 7. Jahrhunderts – nähere Aussagen sind aufgrund der vagen Angaben Arbeos kaum möglich – begab sich Emmeram, zuvor Bischof von Poitiers in Aquitanien (Südfrankreich) auf Missionsreise zu den noch heidnischen Awaren, konnte bei einem Aufenthalt am bayerischen Herzogshof in Regensburg jedoch von Herzog Theodo von der Weiterreise mit dem Hinweis auf die unsicheren, kriegerischen Zustände im Osten abgehalten werden. Auf Einladung Theodos verwarf Emmeram daraufhin seine ursprünglichen Pläne und widmete sich der Stärkung des Christentums in Regensburg und im weiteren Umland; Näheres über das missionarische Wirken Emmerams nennt Arbeo allerdings nicht.

Schnitzfigur von Erasmus Grasser im Hochaltar der Pfarrkirche Kleinhelfendorf-St. Emmeram, Ende 15. Jhdt.

## Brauchtum und Verehrung

Den Mittelpunkt der Verehrung bilden bis heute das Kloster St. Emmeram und der Marterort Kleinhelfendorf, der sich zu einem regional bedeutenden Wallfahrtsort entwickelt hatte. Im 9. Jahrhundert als ostfränkischer Stammesheiliger verehrt, erlebte der Emmeramskult während der Barockzeit nochmals eine kurzzeitige Blüte.

## Darstellung, Attribute, Patronate

Die ältesten Darstellungen aus dem Regensburger Raum zeigen Emmeram, bis heute Patron des Bistums Regensburg, in pontifikaler Messkleidung. Erst seit dem 15. Jahrhundert wurde die Darstellung als Bischof im Ornat, mit Bischofsstab und Mitra üblich, der als individuelles Attribut eine Leiter als Hinweis auf sein Martyrium mit sich führt.

**Etwa drei Jahre** nach seiner Ankunft in Regensburg vertraute sich Uta, die Tochter des Herzogs, Emmeram an; ihre heimliche Liaison mit dem Sohn eines herzoglichen Richters war nicht ohne Folgen geblieben und nun fürchteten beide den Zorn Theodos ob der ungewollten Schwangerschaft. Emmeram riet, ihn selbst als Vater des ungeborenen Kindes anzugeben, um die zwei Liebenden vor der Strafe des Herzogs zu schützen. Er selbst wollte eine Reise nach Rom antreten, sich vor dem Papst für den vermeintlichen Fehltritt verantworten und nach seiner Rückkehr auch vor dem Herzog den wahren Sachverhalt aufklären. Bereits kurz nach seiner Abreise eröffnete Uta ihrem Vater die mit Emmeram vereinbarte Geschichte; um die Ehre seiner Schwester zu retten, setzte daraufhin der Herzogssohn Lantpert dem in seinen Augen flüchtenden Emmeram nach. Beim heutigen Kleinhelfendorf südöstlich von München stellte er den Bischof, ließ ihn auf eine Leiter binden und martern. Die Begleiter Emmerams versuchten zwar mit dem Schwerverletzten noch die herzogliche »villa publica« Aschheim zu erreichen, wenige Kilometer vor dem Ort jedoch erlag Emmeram seinen Verletzungen. Zunächst wurde er in der Aschheimer Kirche beigesetzt, ein vierzigtägiger Regen wurde der Legende nach allerdings als Wunsch Emmerams gedeutet, an seinem Wirkungsort bestattet zu werden. Theodo, der inzwischen die Wahrheit erfahren hatte, ließ den Leichnam nach Regensburg überführen und im Kloster St. Georg, dem späteren Kloster St. Emmeram, zur letzten Ruhe betten.

**Die freiwillige Übernahme** fremder Schuld durch Emmeram als zentrale Aussage der Vita stellt den Heiligen als Blutzeugen seines Glaubens in unmittelbare Nachfolge Christi.

Die Frage nach dem Motiv blieb dadurch aber bis heute weitgehend ungeklärt. Wiederholt wurde hinter dem Martertod Emmerams ein politischer Mord gesehen. Die eindeutig fränkische Tendenz der bayerischen Christianisierung könnte dem Franken Emmeram in Zeiten zunehmender bayerischer Eigenständigkeit zum Verhängnis geworden sein. Die Bluttat würde demnach in der Angst des bayerischen Herzogtums vor fränkischer Vorherrschaft begründet liegen. Die vorläufige Bestattung Emmerams im herzoglichen Aschheim, die wenig später von Theodo angeordnete Translation nach Regensburg und die von Arbeo geschilderte Verbannung Lantperts lassen den Mord allerdings eher als Tat einer antifränkischen Hofpartei um den Herzogssohn erscheinen. Auch die außerordentlich hohe Strafe auf Bischofsmord, die im bayerischen Gesetzbuch, der »Lex Baiuvariorum«, verankert war, ist in diesem Zusammenhang auch als »Lex Haimrammi« interpretiert worden.

**In jüngerer Zeit** konnte die Wissenschaft die lange angezweifelte historische Authentizität Emmerams weitgehend bestätigen: eine anthropologische Analyse der in St. Emmeram verehrten Gebeine wies Spuren schwerer Misshandlungen nach und in Aschheim deuteten Archäologen einen leeren Grabschacht in der vermutlich ersten Kirche am Ort als vorübergehende Grablege des Heiligen.

*Michael Volpert*

Literatur

Karl Babl, Emmeram von Regensburg. Legende und Kult (Thurn und Taxis-Studien, 8), Kallmünz 1973

Lebensbilder aus der Geschichte des Bistums Regensburg I 25–37

Allmächtiger und barmherziger Gott,
wie unser Herr Jesus Christus
hat der heilige Bischof Emmeram
fremde Schuld auf sich genommen
und mit deiner Hilfe hat er die Qualen
des Martyriums ausgehalten.
Wir bitten dich:
Lass auch uns unseren Mitmenschen
nicht gleichgültig gegenüberstehen
und hilf uns gegen alle Angriffe
mit deinem mächtigen Schutz.
Durch unseren Herrn Jesus Christus,
deinen Sohn.

# Hl. Rupert
## Bischof von Salzburg, Glaubensbote

### *24. September*

Seit dem späten 7. Jahrhundert werden im Herzogtum Bayern Bemühungen um die Organisation und innere Stärkung des Christentums greifbar, die mit dem Auftreten des hl. Emmeram ihren Anfang nahmen. Wenig später trat mit Rupert zu Beginn des 8. Jahrhunderts ein weiterer fränkischer Glaubensbote auf, der untrennbar mit der bayerischen Frühgeschichte und bis heute eng mit Salzburg verbunden ist – das Land westlich der Stadt trägt als Rupertiwinkel bis heute seinen Namen.

**Zuvor Bischof in** Worms kam der vermutlich aus rheinfränkischer Gegend stammende Rupert auf Einladung Herzog Theodos um 700 an den bayerischen Herzogshof nach Regensburg und traf auf bekannte Gesichter – die Herzogsgattin Folchaid war eine Verwandte des Missionsbischofs. Herzog Theodo hatte bereits Emmeram zur Mission in Bayern bewegen können und unter seinen Söhnen sollte mit Korbinian der erste Freisinger Bischof auftreten; ebenso sind seine Bemühungen um eine erste Bistumsorganisation bekannt. Die Einladung an Rupert gliedert sich in dieses kirchenpolitische Programm nahtlos ein. Zunächst wirkte Rupert am Hauptort Regensburg und widmete sich der religiösen Unterweisung des Herzogs und seines Umfelds, ehe er die Vollmacht zur Mission und kirchenpolitischen Organisation im ganzen Herzogtum Bayern erhielt. Rupert wendete sich nach vergeblichen Versuchen einer Awarenmission der Stärkung des Christentums im Herzogtum zu; Salzburg, das römische Iuvavum, diente ihm dabei als Wirkungsort. Im Südosten des damaligen Herzogtums gelegen bildete der Ort den Ausgangspunkt für die Erschließung des Landes östlich der Enns, sowohl politisch (Salzburg war Hauptort des Herzogssohnes und Mitregenten Theodbert) als in der Folge auch kirchlich.

**Um sein Christianisierungswerk** erfüllen zu können, wurde Rupert von Herzog und

*Altarbild von Johann Michael Rottmayr in der Pfarrkirche Laufen an der Salzach-Mariä Himmelfahrt, 1691*

## Brauchtum und Verehrung

Zunächst als lokaler Heiliger verehrt begann erst mit der Übertragung der Gebeine Ruperts von Worms nach Salzburg 774 der Kult um den Heiligen, der nach der Erhebung Salzburgs zum Erzbistum 798 eine weitere Steigerung erfuhr und bis heute speziell in und um Salzburg verbreitet ist.

## Darstellung, Attribute, Patronate

Rupert, dargestellt im Bischofsornat mit Salzfass als Attribut, gilt als Patron des Landes und der Stadt Salzburg, zudem ist er Diözesanpatron von Salzburg und Graz-Seckau. Berg- und Salinenarbeiter sehen in ihm ihren Schutzherrn. Wurde des Heiligen anfangs am Todestag gedacht, wird inzwischen der Tag der Translation von Worms nach Salzburg als Rupertstag begangen.

Herzogssohn mit reichen Schenkungen im Land um Salzburg bedacht, das aufgrund der Salzproduktion im nahen Reichenhall von zentraler wirtschaftlicher Bedeutung für das Herzogtum war – auch hieran wurde Rupert beteiligt. Der Heilige reformierte und reorganisierte das christliche Leben im Salzburger Raum an der Grenze zu den Awaren und schuf die Grundlage für die spätere Bistumsgründung durch Bonifatius. Nach Aussage der Lebensbeschreibung erneuerte Rupert das Kloster St. Peter in Salzburg; ein erster Hinweis, dass sich hier womöglich nicht nur die römischen Strukturen, sondern auch romanisches Leben erhalten hatte. Das Frauenkloster Nonnberg wurde von Rupert neu gegründet, als dessen erste Äbtissin er seine Nichte Erintrud berief. Im Umland gründete der Glaubensbote die Maximilianszelle bei Bischofshofen als Stützpunkt zur Slawenmission sowie das kurzlebige Kloster Seekirchen am Wallersee. Hilfe und Unterstützung erhielt Rupert dabei neben der Herzogsfamilie vom örtlichen Adel, etwa den Albina, vermutlich einer romanischen Familie, die die Zeiten des politischen Umbruchs überdauert hatte und ein weiteres Indiz der Kontinuität von der Spätantike ins frühe Mittelalter im Salzburger Land bildet. Auf Veranlassung Ruperts wurde auch die Peterskirche erbaut, ein Vorgängerbau des heutigen Doms, der seit dem 10. Jahrhundert das Rupertspatrozinium trägt.

**Gegen Ende seines** Lebens zog sich Rupert in seine Heimat zurück, wo er an einem 27. März nach 715 in Worms verstorben ist. Erst sein späterer Nachfolger Virgil legte 774 mit der Translation der Gebeine Ruperts an seinen Wirkungsort den Grundstein für den Kult um den Salzburger Gründerbischof. Auch die erste Lebensbeschreibung Ruperts entstand in der zweiten Hälfte des 8. Jahrhunderts auf Veranlassung Virgils. Der Versuch, mit dem Wirken Ruperts den Streit mit Regensburg um den Vorrang als geistlicher Hauptort des Herzogtums zugunsten Salzburgs zu entscheiden, erschwert zwar die historische Interpretation der Heiligenvita, erreichte aber durch die Erhebung Salzburgs zum Erzbistum und Metropolitansitz der bayerischen Kirchenprovinz 798 sein Ziel.

**Die Bedeutung Ruperts** im Kontext der Frühgeschichte Bayerns liegt in der von ihm betriebenen Stärkung des Christentums, der Gründung der geistlichen Stadt Salzburg, die im Hochstift Salzburg mündete, sowie in der von ihm initiierten Ostmission, die von Salzburg ihren Ausgang nahm; nicht zufällig tragen die ältesten Wiener Kirchen mit St. Peter und St. Ruprecht (Rupert) Salzburger Patrozinien. Auch in der Steiermark und in Kärnten bezeugen zahlreiche Ruprechtspatrozinien die Salzburger Missionstätigkeit seit dem 9. Jahrhundert.

*Michael Volpert*

Literatur
Hl. Rupert von Salzburg 696-1996. Katalog der Ausstellung im Dommuseum zu Salzburg und in der Erzabtei St. Peter, Salzburg 1996

Ein Jubellied erschalle,
dem heilgen Bischofspaar,
das hier in unserem Tale
einst Hirt und Lehrer war:
Singet Preis und Lob
Gott, der sie erhob
auf Salzburgs Bischofsthron
und uns zum Schutzpatron.

Sankt Rupert hat verkündet
das Evangelium,
den Bischofssitz gegründet
als Hort dem Christentum.
Gottes Wort und Macht
ist in dunkler Nacht
uns Schirm und unser Licht
bis Christi Tag anbricht.

Sankt Virgil trug die Lehre
des Glaubens in die Fern;
dass er das Land bekehre,
war Auftrag ihm vom Herrn.
Hütet Gottes Geist,
der den Weg uns weist,
dem Volk auf Pilgerfahrt,
das um das Kreuz sich schart.

Lied zum Fest der Heiligen Rupert und Virgil; Melodie: Gotteslob 639

# Hl. Virgil
## Bischof von Salzburg, Glaubensbote

### *24. September*

Virgil kam aus Irland, das er um das Jahr 742 als Missionar verlassen haben dürfte. Möglicherweise stammte er aus dem königlichen Geschlecht von Loegaire. Im Jahr 743 ist er am Hof des Frankenkönigs Pippin erstmals nachweisbar. Hier blieb Virgil etwa zwei Jahre. Er war als Gelehrter, der aufgrund seiner erdkundlichen Kenntnisse den Beinamen »Geometer« trug, bei Hof hochgeschätzt. Pippin empfahl Virgil dann seinem Schwager, dem Herzog Odilo von Bayern. Hier wirkte er zunächst als geistlicher Berater, bevor Odilo ihm 746 oder 747 die Leitung der durch den Tod des Bischofs Johannes frei gewordene Diözese Salzburg übertrug. Da Virgil zunächst über keine bischöflichen Weihegewalten verfügte, wurden diese von einem seiner Gefährten, dem irischen Klosterbischof Dub Dá Chrich (Dobdagrecus) ausgeübt. Erst 749 wurde Virgil, der zugleich auch dem Kloster St. Peter in Salzburg als Abt vorstand, selbst zum Bischof geweiht. Virgil galt als bedeutender und genialer Gelehrter, nicht nur auf den Gebieten Theologie und Philosophie, sondern auch in der Geschichtsschreibung, der Astronomie und der Mathematik.

**In Salzburg kam** es schon bald zu Auseinandersetzungen mit dem päpstlichen Legaten Bonifatius. Dieser war zum einen von Herzog Odilo bei der Ernennung Virgils übergangen worden, zum anderen kamen nun theologische Streitigkeiten hinzu: Anlass war ein des Lateinischen offenbar kaum kundiger Salzburger Priester, der reihenweise Taufen mit der Formel »Baptizo te in nomine patria et filia et spiritus sancti« (Ich taufe dich im Namen Vaterland, Tochter und des Heiligen Geistes) vorgenommen hatte. Bonifatius Auffassung, in solchen Fällen müsse die Taufe wiederholt werden, widersprach nach einer Intervention Virgils in Rom schließlich auch Papst Zacharias – für seinen Legaten Bonifatius bedeutete dies eine Demütigung. So ließ eine erneute Auseinandersetzung zwischen Virgil und Bonifatius nicht lange auf sich warten. Diesmal

*Hl. Virgil (mit den Reliquien des hl. Rupert) als Erbauer des Salzburger Doms. Entwurf von Johann Degler zu einem Altarbild in der Pfarrkirche Gars am Inn-Mariä Himmelfahrt, um 1730*

## Brauchtum und Verehrung

Das Grab Virgils wurde erst beim Neubau des Salzburger Doms unter Erzbischof Konrad I. im Jahr 1181 wieder aufgefunden. Fünfzig Jahre später, am 18. Juni 1233, wurde er heilig gesprochen. Heute wird seiner besonders in den ehemals salzburgischen Teilen der Erzdiözese München und Freising gedacht.

## Darstellung, Attribute, Patronate

Virgil wird im Gewand eines Bischofs mit einem Kirchenmodell, meist einem doppeltürmigen romanischen Dom dargestellt, das an die Errichtung des ersten Salzburger Doms durch ihn erinnert, manchmal auch bei der Heilung eines Besessenen – ein Wunder, das erst lange nach seinem Tod geschehen sein soll. Er gilt als Patron in Geburtsnöten und für Kinder.

klagte der Legat Virgil in Rom an, dieser würde die irrige Meinung von der Kugelgestalt der Erde vertreten, vor allem aber die Lehre von den Antipoden, also Menschen, die auf der gegenüberliegenden Seite der Erdkugel leben würden. Eine solche Auffassung war aber häretisch, denn die Antipoden konnten, da sie auf der gegenüberliegenden Seite der Welt, von dieser – aus Sicht der Anhänger des Ptolemaios – durch einen undurchdringlichen Feuerreifen getrennt waren, weder von Adam und Eva abstammen, noch durch Christus erlöst sein. Damit aber war die christliche Vorstellung der Einheit des Menschengeschlechts in Frage gestellt.

**Der Konflikt zwischen** Virgil und Bonifatius war vor allem auch eine Auseinandersetzung zwischen Männern unterschiedlicher intellektueller Prägung die aus sehr verschiedenen Kulturzusammenhängen stammten. Der weitere Verlauf des Streites zwischen beiden bleibt im Dunkeln. Häufig wurde angenommen, der »Aethicus Ister«, eine sehr eigenwillige Kosmographie und eine der sonderbarsten Schriften des Frühmittelalters sei von Virgil als Reaktion hierauf verfasst worden – dies blieb bislang jedoch nicht mehr als eine interessante These. Sicher ist Virgils Autorschaft hingegen bei einigen anderen Schriften, darunter die Streitschrift »Libellus Virgilii«, vielleicht auch die Urfassung der Lebensbeschreibung des hl. Rupert, die »Vita Ruperti«.

**Mit der Gestalt** Virgils ist auch die erste kulturelle Blüte Salzburgs seit dem Ende der Römerzeit verbunden. Nicht nur, dass er den ersten, ungewöhnlich großen Dom in seiner Bischofsstadt errichtete, das Kunsthandwerk durch Aufträge förderte und die Gebeine seines Vorgängers Rupert von Worms nach Salzburg bringen ließ. Auf seine Anregung gehen auch Schriften zurück, wie das berühmte Salzburger Verbrüderungsbuch oder die Lebensbeschreibung des hl. Korbinian, durch seinen Freund und Amtsbruder, den Freisinger Bischof Arbeo. Zugleich wird auch der ökonomische Aufstieg Salzburgs durch den Erwerb umfangreicher und weit ausgreifender Güter in dieser Zeit deutlich. Zu den bedeutenden Aufgaben, derer sich Virgil zudem annahm, gehörte die Slawenmission in Karantanien (in der Gegend des heutigen Kärnten), die von den drei Missionszentren Maria Saal, St. Peter in Holz und St. Johann bei Knittelfeld ausging.

**Nach fast vierzig** Jahren im Bischofsamt starb Virgil am 27. November des Jahres 784 in Salzburg, er wurde im dortigen Dom bestattet.

*Thomas Forstner*

Literatur


Herwig Wolfram, Die Zeit der Agilolfinger – Rupert und Virgil, in: Heinz Dopsch (Hg.), Geschichte Salzburgs. Stadt und Land I, Salzburg $^{3}$1999, 121 – 156

Bibliotheca Sanctorum XXII 1206 – 1208 (Niccolò Del Re)


Gott, unser Vater, hat Rupert und Virgil gesandt,
unserem Land das Licht der Wahrheit zu bringen;
an ihrem Fest schenke er euch die Fülle seines Segens.
Nach dem Wort des Apostels
hat der eine den Glauben eingepflanzt,
der andere den Acker getränkt.
Die Fürsprache beider erwirke das Reifen von Gott,
der allein das Wachstum gibt.
Auf ihrer Predigt ruht unser Bekenntnis zu Christus;
die Treue zu ihm präge euer irdisches Leben
und führe euch zur Herrlichkeit des Himmels.
Das gewährte euch der dreieinige Gott,
der Vater, der Sohn und der Heilige Geist.

Feierlicher Schlusssegen am Fest der Heiligen Rupert und Virgil

# Sel. Kaspar Stanggassinger

## Priester

### 26. September

Kaspar Stanggassinger hat einmal geschrieben: »Die Heiligen sind nicht deswegen heilig geworden, weil sie Wunder gewirkt, weil sie außerordentliche Offenbarungen hatten, sondern deswegen, weil sie treu waren im Kleinen.« Diesen Ausspruch kann man programmatisch über das Leben des Seligen stellen.

**Kaspar Stanggassinger wurde** am 12. Januar 1871 auf dem Unterkälbersteinhof bei Berchtesgaden als zweites von 16 Kindern geboren. Seine Eltern betrieben den großen Hof, der Vater war zudem politisch tätig. Nach der Volksschule in Berchtesgaden besuchte Kaspar ab 1881 das Domgymnasium in Freising. Zunächst wohnte er beim Stadtpfarrprediger Georg Roth, ab 1884 im Erzbischöflichen Knabenseminar in Freising. Nach anfänglichen Lernschwierigkeiten machte er nun durch seinen Fleiß große Fortschritte. 1890 trat der Abiturient in das Priesterseminar in Freising ein. Von Kindheit an trug er den Wunsch in sich, Priester zu werden. Den philosophischen und theologischen Studien widmete sich Kaspar intensiv, arbeitete aber vor allem an seiner inneren Entwicklung, wie sein geistliches Tagebuch bezeugt, das er seit seiner Schulzeit führte. Seine Frömmigkeit war geprägt vom Vertrauen auf die Gnade Gottes, er hoffte auf die Führung durch den Heiligen Geist.

**Schon als Schüler** besuchte Kaspar häufig das Redemptoristenkloster Dürrnberg bei Hallein in Österreich und tendierte dazu, in den Orden einzutreten. Im September 1892 schließlich, vor dem Gnadenbild in Altötting, hörte er den Ruf in sich, nach Gars am Inn zu den Redemptoristen zu gehen. Am gleichen Tag bat er den dortigen Provinzial um die Aufnahme in den Orden.

**Sein Vater hätte** es aus verschiedenen Gründen lieber gesehen, wenn er Diözesanpriester geworden wäre und versagte ihm seinen Segen. Kaspar hätte eine seiner Schwestern als Haushälterin zu sich nehmen und sie somit

*Gemälde von G. A. Lomuscio zur Seligsprechung 1988*

## Brauchtum und Verehrung

Am 26. jeden Monats findet in Gars ein festlicher Gottesdienst zu Ehren des Seligen statt. Neben der Verehrung in der Erzdiözese München und Freising wird seiner auch im Bistum Salzburg gedacht, wo er Patron des Priesterseminars ist, sowie weltweit in den Ordensniederlassungen der Redemptoristen.

## Darstellung, Attribute, Patronate

Die Darstellungen von Pater Stanggassinger lehnen sich an Photographien an. Bei der Seligsprechungsfeier hing ein Bild am Petersdom, auf dem er von Buben umgeben ist. Die Stanggassinger-Statue in Gars zeigt ihn mit einem Modell des Seminars und der Klosterkirche. Durch seinen Dienst an der Jugend gilt er als ihr Fürsprecher.

versorgen können. Hinzu kamen politische Vorbehalte, weil der Orden durch die Kulturkampfgesetze in Deutschland noch immer verboten, in Bayern allerdings geduldet war. Seiner Berufung folgend begann Kaspar das Noviziat in Gars und wurde am 20. November 1892 eingekleidet. Am 16. Oktober 1893 legte er in Dürrnberg die Gelübde ab, dann folgte das weitere Studium der Theologie. Am 16. Juni 1895 wurde er in Regensburg zum Priester geweiht. Mit dem Vater hatte er sich mittlerweile versöhnt. Kaspar Stanggassinger hoffte, nun als Volksmissionar eingesetzt zu werden. Der Orden benötigte jedoch seinen Dienst als Präfekt und Gymnasiallehrer im Juvenat, dem Knabenseminar des Ordens in Dürrnberg. Er galt als fortschrittlicher Pädagoge, der die Eigenständigkeit der jungen Menschen achtete und die Entfaltung der Begabungen seiner Schüler förderte. Erziehung war ihm zugleich Seelsorge, er wollte die Jugend zu Gott führen. Er legte ihr das Gebet ans Herz und betonte stets, dass Gottes- und Nächstenliebe zusammengehörten. Den beliebten Erzieher zeichneten Liebe, Geduld und Einfühlungsvermögen aus. Er schrieb: »Klopft es an die Tür, und ich habe schon oft meine Arbeiten unterbrechen müssen, so will ich nie Ungeduld zeigen, sondern jeden gerne aufnehmen, als hätte ich sonst nichts zu tun.« Zusätzlich machte er noch die Buchführung, arbeitete bei der Ausarbeitung einer neuen Juvenatsregel mit und war in der weiteren Seelsorge tätig.

**Nach der Wiederzulassung** des Ordens in Deutschland zog das Knabenseminar im September 1899 von Dürrnberg nach Gars. Kaspar Stanggassinger wurde in Anerkennung seiner Fähigkeiten zum neuen Direktor des Seminars ernannt. Bevor er sein Amt antreten konnte, verstarb er am 26. September 1899 in Gars an den Folgen einer Blinddarmentzündung im Alter von 28 Jahren.

**Sein Wirken hatte** sich bei seinen Schülern so nachhaltig eingeprägt, dass sie sein Gedächtnis bewahrten und ihn um Fürsprache in den vielfältigsten Anliegen anriefen. Der Münchener Erzbischof Michael Kardinal von Faulhaber bezeichnete Stanggassinger bei der Umbettung seiner Gebeine von der Klostergruft in die Herz-Jesu-Kapelle der Pfarrkirche von Gars am 9. Januar 1935 als »eine strahlende Leuchte«. Am 8. April 1935 wurde in München der Seligsprechungsprozess eingeleitet. Am gleichen Tag kam es zur wunderbaren Heilung einer Ordensschwester. Schließlich wurde Kaspar Stanggassinger am 24. April 1988 von Papst Johannes Paul II. in Rom selig gesprochen.

**Sein Leben mag** auf den ersten Blick nicht so außergewöhnlich erscheinen. Das Besondere liegt in seiner inneren Biographie, der Nachfolge im täglichen Leben. Friedrich Kardinal Wetter sagte in seinem Hirtenbrief für die Fastenzeit 1988 über Pater Stanggassinger: »Seine Größe besteht darin, dass er mit aller Entschiedenheit Gott zur Mitte seines Lebens gemacht hat, bis hinein in die Kleinigkeiten des Alltags, und zwar täglich.«

*Susanne Kornacker*

Literatur

Otto Weiß, Tun, was der Tag verlangt. Das Leben von Pater Kaspar Stanggassinger, Freiburg-Basel-Wien [2]1989

Friedrich Kardinal Wetter, Kaspar Stanggassinger. Leben und Wirken eines Seligen. Hirtenbrief zur Fastenzeit 1988, München 1988

Allmächtiger Gott!
Der selige Kaspar war ein Mensch,
der sich unter seinen Mitmenschen
für Versöhnung und Frieden eingesetzt
hat.
Auf seine Fürbitte hin gewähre uns,
dass unsere Welt eine Welt des Friedens,
der Versöhnung und der Einheit werde.

Der selige Kaspar war ein Mensch,
der anderen Menschen Freiheit geschenkt
hat.
Auf seine Fürbitte hin gewähre uns,
dass wir in einer Welt der Freiheit leben
können und alle Menschen,
die heute noch unter Unterdrückung
leiden, in Freiheit gesetzt werden.

Der selige Kaspar war ein Mensch,
der sich rückhaltlos für die Kirche
eingesetzt hat.
Auf seine Fürbitte hin gewähre uns,
dass viele junge Menschen den Mut
finden,
wie er Jesus nachzufolgen und
sich radikal für den Aufbau einer
lebendigen christlichen Gemeinde
einzusetzen.
Um dies alles bitten wir durch Christus,
unseren Herrn. Amen.

Aus der Novene zum sel. Kaspar Stanggassinger von Matthias Stöbener, 1989

# Hl. Maximilian vom Pongau
## Bischof, Märtyrer

### *12. Oktober*

Von der Verehrung des hl. Maximilian berichten erstmals zwei Salzburger Güterverzeichnisse aus der Zeit um 800. Die Gestalt des Heiligen, der im 3. Jahrhundert gelebt haben soll, ist historisch nicht zu fassen; sie gewinnt allein durch seine um 1291 verfasste legendäre Lebensgeschichte, die »Vita sancti Maximiliani«, an Farbe. Der Legende nach entstammte Maximilian einer christlichen Familie aus Celeia (Celje in Slowenien), einer reichen Römerstadt. Nach dem Tod seiner Eltern entließ er die Sklaven seiner Eltern und verschenkte sein Erbe an die Armen. Während einer Pilgerreise nach Rom erteilte ihm Papst Sixtus II. den Auftrag, in Pannonien das Evangelium zu verkünden. Seine Missionstätigkeit beschränkte sich jedoch nicht nur auf dieses Gebiet, sondern erstreckte sich auch bis in die Gegend von Freising. Einer lokalen Überlieferung zufolge soll Maximilian auf dem Freisinger Domberg einen heidnischen Tempel in eine Marienkapelle umgewandelt haben. Hauptort seines Wirkens wurde aber Lauriacum (Lorch), die Hauptstadt der römischen Provinz Ufer-Noricum. Zwanzig Jahre lang stand er der dortigen Christengemeinde als (Erz-)Bischof vor. Als im Jahr 284 in seiner Geburtsstadt Celeia Christen verfolgt wurden, begab er sich dorthin, um für sie vor dem kaiserlichen Statthalter Eulasius einzutreten. Dieser aber wollte ihn zwingen, dem römischen Kriegsgott Mars zu opfern. Da Maximilian sich weigerte, ließ ihn der Statthalter am 12. Oktober 281 (oder 284) mit einem Schwert enthaupten.

**Die Maximilians-Vita ist** historisch nicht belegbar und weist in weiten Teilen Parallelen zur älteren Legende des hl. Pelagius auf. Allein Nachrichten aus dem 8., 9. und 10. Jahrhundert machen die Existenz dieses Heiligen glaubhaft. So wird für etwa 711/12 – wenn auch legendenhaft verbrämt – von der Entdeckung einer spätantiken christlichen Kultstätte im Pongau berichtet, in der der hl. Maximilian verehrt worden sei. Der

*Kupferstich von Raphael Sadeler, in: Matthäus Rader, Bavaria Sancta I, München 1615*

## Brauchtum und Verehrung

Die Verehrung Maximilians blieb im Wesentlichen auf das Bistum Passau und Österreich beschränkt. Mit dem Habsburger Maximilian I. (1459 – 1519) nahm die Beliebtheit dieses Heiligen spürbar zu. Als Namenspatron fand er in Bayern weite Verbreitung, da zahlreiche Wittelsbacher diesen Namen trugen.

## Darstellung, Attribute, Patronate

Dargestellt wird der hl. Maximilian in bischöflichem Gewand mit Kreuz in der Hand und mit Schwert, manchmal auch mit einer Palme oder einem Buch. Szenische Darstellungen zeigen ihn entweder als betenden Bischof vor einer Stadt oder bei der Taufe von Heiden; auch Darstellungen seines Martyriums finden sich des öfteren. Seit dem 10. Jahrhundert ist Maximilian Patron des Bistums Passau. Zugleich firmierte er von 1783 bis 1962 als Linzer Bistumspatron.

Salzburger Bischof Rupert ließ an dieser Stelle im Einverständnis mit dem baierischen Herzog Theodo eine Maximilianskirche errichten und knüpfte an die spätantike christliche Tradition dieses Ortes an. In der Folge kamen eine Mönchszelle und ein Oratorium hinzu, die von Klerikern aus dem Salzburger Kloster St. Peter besiedelt wurden. Der hl. Rupert beabsichtigte, die Maximilianszelle als einen Stützpunkt für die Slawenmission auszubauen. Doch bereits um 725 und nochmals 820 fiel sie einem Angriff benachbarter Slawen zum Opfer, die die Klosterkirche niederbrannten. Bereits im folgenden Jahr wurde die Kirche wieder geweiht. Reliquien des hl. Maximilian werden erstmals anlässlich ihrer Schenkung um das Jahr 878 durch den ostfränkischen König Karlmann (876 – 880) an seine bevorzugte Pfalz (Alt-)Ötting erwähnt. 907 ging das Pfalzstift Altötting in den Besitz der Passauer Bischöfe über. Dort verblieben die Reliquien etwa 100 Jahre, bis sie zwischen 976 und 985 vom Passauer Bischof Pilgrim (971 – 991) nach Passau transloziert wurden. Der kirchenpolitisch ehrgeizige Pilgrim suchte die Stellung Passaus durch Urkundenfälschungen auf ein angebliches spätantikes Erzbistum Lorch zurückzuführen und damit gegenüber dem Metropolitanbistum Salzburg zu stärken. Bereits Pilgrim mag die Reliquien des hl. Maximilian im Hinblick auf die Verbindung zu Lorch nach Passau überführt und Maximilian zum zweiten Bistumspatron neben Valentin erhoben haben. Damit beanspruchte er das ehemalige Gebiet und die alte Würde des Lorcher Erzbistums für das Bistum Passau. Durchsetzen konnte sich Pilgrim damit freilich nicht.

**Unter dem Eindruck** der Glaubensgefährdung durch Häretiker und Ketzer, aber auch durch die Türken gewann die Maximiliansverehrung in der zweiten Hälfte des 13. Jahrhunderts wieder an Bedeutung. Zugleich erfuhr die Lorcher Fabel in dieser Zeit stärkeres Interesse, insbesondere erinnerte man sich der ehrwürdigen Stellung Maximilians als Erzbischof von Lorch. Nach der gotischen Umgestaltung des Passauer Domes erhielten die Gebeine der Bistumsheiligen 1289 einen zentralen Platz im Dom. Zugleich entstand in dieser Zeit auch die oben dargestellte Lebensgeschichte Maximilians. Als im Gefolge des Stadtbrands von 1662 das Deckengewölbe des Doms einstürzte, entdeckte man, dass die Reliquiare der hl. Maximilian und Valentin leer waren; lediglich einige kleinere Teile, die wohl an anderer Stelle im Dom aufbewahrt wurden, sind bis heute erhalten.

**Das Bistum Freising** erinnerte sich an den Ostertagen 1772 an die legendäre Missionsarbeit Maximilians vor 1500 Jahren, als er auf dem Domberg eine heidnische Kultstätte in eine Marienkapelle umgewandelt haben soll. Fürstbischof Johann Franz Eckher (1696 – 1727) hatte an dieser Stelle östlich der Krypta die Maximilianskapelle als seine Begräbnisstätte ausbauen lassen.

*Guido Treffler*

Literatur

Bistumspatrone in Deutschland 149-157 (August Leidl / Herbert W. Wurster)

Allmächtiger, ewiger Gott,
der du deinen Diener Maximilian
mit unüberwindlicher Kraft des Glaubens ausgerüstet,
durch ihn eine Menge unsterblicher Seelen für den Himmel gewonnen
und ihn der Krone der Märtyrer gewürdiget hast,
verleihe gnädig, dass wir durch sein Beispiel ermuntert
und durch seine Fürbitte unterstützt,
die göttliche Kraft des Glaubens in uns erfahren,
in derselben alle Versuchungen der Welt,
des Fleisches und des Teufels überwinden
und einst die Krone des ewigen Lebens erlangen mögen,
durch Jesum Christum, deinen Sohn, unsern Herrn. Amen.

Gebet zur Freisinger Maximilians-Feier 1872

# Hl. Hedwig von Andechs
## Herzogin von Schlesien

### *16. Oktober*

Hedwig stammte aus dem Geschlecht der Grafen von Andechs. In den 70er Jahren, vielleicht auch erst zu Beginn der 80er Jahre des 12. Jahrhunderts wurde sie als Tochter Graf Bertholds IV. von Andechs-Meranien geboren und im Benediktinerinnenkloster Kitzingen erzogen, das dem Bischof von Bamberg, damals Hedwigs Onkel Otto II. von Bamberg, unterstand. Als eine ihrer Erzieherinnen wird eine Nonne mit Namen Petrissa genannt, die später die erste Äbtissin von Trebnitz werden sollte.

**Im heiratsfähigen Alter** wurde Hedwig mit dem Piastenherzog Heinrich I. von Schlesien vermählt. Aus dieser Ehe gingen sieben Kinder hervor. Sie unterstützte ihren Gemahl bei der Vertiefung des christlichen Lebens und förderte mit ihm auch die kulturelle Entwicklung des Landes. Wie ihre Nichte, die hl. Elisabeth, ist sie ein Vorbild christlicher Nächstenliebe. 1238 wurde sie Witwe, drei Jahre später fiel ihr ältester Sohn Heinrich im Kampf gegen die Mongolen. Sie starb am 15. Oktober 1243 im Zisterzienserinnenkloster Trebnitz, das sie 1203 zusammen mit ihrem Gemahl gegründet und in dem sie als Witwe gelebt hatte. Sie wurde in der Klosterkirche begraben und bereits 1267 heilig gesprochen.

**Die nach den** Akten für die Kanonisation, die in einer Zweitfassung im Kloster Trebnitz verwahrt wurden, kurz nach 1300 entstandene »Legenda Maior«, ihre Lebensbeschreibung, hebt dabei die für eine Heiligsprechung wichtigen Tugenden und Wunderzeichen besonders hervor, die wie bei Elisabeth von Thüringen, Hedwigs Nichte, vor allem in freiwilliger Kreuzesnachfolge und Werken der Barmherzigkeit bestanden. Seit dem 14. Jahrhundert gibt es auch polnische Fassungen ihrer Legende, die erste deutschsprachige Ausgabe erschien 1424.

**Dieser Lebensbeschreibung zufolge** war Hedwig eine Frau, die Gott in Demut diente.

*Bild von Fr. Stephan Janker OSB, Abtei St. Bonifaz München und Andechs, 1969*

## Brauchtum und Verehrung

Nach Hedwigs Heiligsprechung verbreitete sich ihre Verehrung, von Schlesien ausgehend und von der Familie der Piasten auch aus politischen Gründen gefördert, bis zum 15. Jahrhundert in Polen, Böhmen, Ungarn und Österreich und von dort aus in den deutschen Raum. Auch im Zisterzienserorden, dem sie durch die Gründung eines Klosters besonders verbunden gewesen war, wurde ihrer gedacht.

## Darstellung, Attribute, Patronate

Darstellungen der hl. Hedwig gibt es seit dem 14. Jahrhundert im Bereich ihrer Verehrung, die durch das Vorbild ihrer Nichte Elisabeth beeinflusst sind. Hedwig erscheint als (verheiratete) Frau bzw. Witwe mit Schleier oder Kopftuch, meist jedoch mit jugendlichen Zügen. Über der Kopfbedeckung trägt sie häufig die Herzogskrone. In Ausnahmefällen erscheint sie als Zisterziensernonne, da sie als Witwe in Trebnitz lebte, ohne jedoch in den Orden einzutreten. Ihre Attribute sind eine Marienstatuette, die sie immer bei sich getragen und mit ins Grab genommen hat, Rosenkranz und Gebetbuch, Schuhe in der Hand oder über dem Arm, weil sie auch im Winter immer barfuß ging, und das Modell der Klosterkirche Trebnitz. Brote wie bei Elisabeth von Thüringen verweisen auf die Werke der Barmherzigkeit.
Hedwig wird als Patronin Polens und Schlesiens, der Städte Breslau, Krakau, Trebnitz und Berlin (Hedwigs-Kathedrale) sowie der Brautleute (Sorge um eine angemessene Aussteuer) verehrt und ist seit dem Ende des Zweiten Weltkriegs auch zur Patronin der Heimatvertriebenen geworden. Einige ihrer Reliquien werden auf dem Heiligen Berg in Andechs verwahrt, dessen Kloster als Priorat zur Benediktinerabtei St. Bonifaz in München gehört. Durch die heimatvertriebenen Schlesier hat ihre Verehrung nach dem Zweiten Weltkrieg in Andechs einen neuen Mittelpunkt gefunden.

Ihr persönliches Leben war von Einfachheit und Enthaltsamkeit geprägt, sie führte ein asketisches Leben, bevorzugte abgetragene Kleidung und ging meist barfuß, trug aber immer Schuhe mit sich, um sie anziehen zu können, wenn sie höher gestellten Personen gegenübertrat. Sie machte fromme Stiftungen für Kirchen und Klöster, war mildtätig zu den Armen und fühlte sich in deren Gesellschaft wohler als bei Hofe. Dem Kloster Trebnitz schenkte sie ihr Gut Schawoine, neben den Armen und Kranken gehörte ihr besonderes Augenmerk den Gefangenen und zum Tode Verurteilten. Sie verzichtete auf Forderungen gegenüber ihren Hörigen, erließ Geldbußen und war selber eine strenge Wirtschafterin, die ihren Hofstaat zumindest teilweise durch eigene Einkünfte unterhielt.

*Birgitta Klemenz*

Literatur

Herzöge und Heilige. Das Geschlecht der Andechs-Meranier im europäischen Hochmittelalter, hg. von Josef Kirmeier / Evamaria Brockhoff (Veröffentlichungen zur Bayerischen Geschichte und Kunst 24) , Regensburg 1993

Herr,
lass das Böse geringer werden
und das Gute um so kräftiger sein.
Lass die Traurigkeit schwinden
und Freude um sich greifen.
Lass uns annehmen und geben können
und einander behilflich sein.
Lass die Missverständnisse aufhören
und die Enttäuschten Mut gewinnen.
Lass die Kranken Trost finden
und die Sterbenden deine Erbarmung.
Lass uns wohnen können auf Erden
und die Ernten gerecht verteilen.
Lass Frieden unter den Menschen sein,
Frieden im Herzen – rund um die Erde.

Gebet zum Kerzenaufstecken in der Andechser Versöhnungskapelle (geweiht im Hedwigsjahr 1993)

# Jahrestag der Weihe der Kirchen,
## die ihren Weihetag nicht feiern

### 3. Sonntag im Oktober

Das Kirchweihfest steht in enger Verbindung zu den Festen der Heiligen und Seligen. Denn »Kirche« sind zunächst einmal alle Christen; sie sind die »lebendigen Steine«, aus denen die Kirche erbaut ist. Jesus ist der »Eckstein« bzw. der »Schlussstein«, der den ganzen Bau zusammenhält (1 Petr 2,1 – 10; Eph 2,20 – 22). Erst in zweiter Linie ist mit »Kirche« ein Gebäude gemeint, das in besonderer Weise der Versammlung der Gläubigen und dem Gottesdienst gewidmet ist. Das sichtbare Kirchengebäude ist zugleich Zeichen der auf Erden pilgernden Kirche und Bild der Kirche, die bereits im Himmel weilt. Die besondere und ausschließliche Inanspruchnahme für den Gottesdienst erfolgt durch die Weihe.

**Jede neue Kirche** soll gemäß altem christlichem Brauch von einem Bischof geweiht (»konsekriert«) werden. Dabei erhält sie auch einen »Titel« bzw. einen »Patron«: Zwar ist jede Kirche in erster Linie dem dreifaltigen Gott geweiht, doch wird sie traditionsgemäß einem bestimmten Glaubensgeheimnis in besonderer Weise gewidmet oder dem speziellen Schutz eines Heiligen bzw. (mit päpstlicher Genehmigung) eines Seligen unterstellt. Aus dem altchristlichen Brauch, die Eucharistie an den Gräbern der Märtyrer zu feiern, entwickelte sich die Tradition, bei der Kirch- bzw. Altarweihe Reliquien von Märtyrern oder anderen Heiligen unter der Altarplatte beizusetzen.

**Den Kern der** Kirchweihe bildet die erstmalige Feier der Eucharistie in der neuen Kirche. Sie ist begleitet von einer Reihe traditionsreicher Riten, die das Geschehen ausdeuten. Der vielteilige Ablauf einer Kirchweihe ist festgelegt im »Pontifikale«, dem liturgischen Buch für bischöfliche Weihehandlungen. Die wichtigsten Elemente sind:

- Vigil (Gebet am Vorabend oder in der Nacht vor dem Weihetag) zu Ehren der Heiligen, deren Reliquien im Altar beigesetzt werden

*Erzbischof Friedrich Kardinal Wetter bei der Weihe der Pfarrkirche München-Herz Jesu am 26. November 2000*

## Brauchtum

Am Kirchturm wird die rot-weiße Fahne ausgehängt, die nach dem Zöllner im Tagesevangelium (Lk 19,1 – 10) volkstümlich »Zachäus« heißt. Jenseits der liturgischen Feier wurde das Kirchweihfest seit dem Mittelalter zum wichtigsten bäuerlichen Jahresfest, verbunden mit üppigem Essen, Trinken und Tanz, oft mehrere Tage dauernd. Typische Speisen sind die Kirchweihgans und die »Kirchweihnudeln« (Schmalzgebäck). Zum »Kirtahutschen« der Jugend wird an den Dachbalken einer Tenne ein Brett (bzw. Balken oder Baumstamm) an Ketten aufgehängt.

- Bitte der Gemeinde an den Bischof um Weihe der Kirche
- Prozession zur Kirche mit Gebet und Gesang (Ps 122), unter Mitführung der Altar-Reliquien
- Klopfen an die Kirchentür mit dem Bischofstab
- Öffnen der Tür
- Zeichnen des Kreuzes auf die Türschwelle mit dem Bischofsstab
- Einzug in die Kirche mit Gesang (Ps 24)
- Segnung des Wassers im Taufbrunnen
- Erneuerung des Taufbekenntnisses
- Besprengen der Gemeinde und der Wände der Kirche mit dem gesegneten Wasser
- Segnung des Ambo
- Wortgottesdienst
- Gesang der Allerheiligenlitanei
- Beisetzung der Reliquien im Altar
- Besprengen des Altars mit gesegnetem Wasser
- Salben des Altars mit Chrisam
- Salben der Kirchenwände in Kreuzesform an zwölf Stellen
- Verbrennen von Weihrauch auf dem Altar
- Weihegebet des Bischofs
- Schmücken des Altars
- Anzünden der Lichter am Altar und in der Kirche
- Eucharistiefeier auf dem neugeweihten Altar
- Segnen des Tabernakels und Aufbewahrung des eucharistischen Brotes
- Feierlicher Schlusssegen

**Sichtbare Erinnerung an** die Weihe einer Kirche sind die an den Kirchenwänden (an den gesalbten Stellen) angebrachten zwölf Apostelkreuze und -leuchter.

**Der Brauch, das** Jahresgedächtnis einer Kirche festlich zu begehen, ist erstmals Ende des 4. Jahrhunderts in Jerusalem bezeugt. Heute wird das Gedächtnis der Weihe in jeder Kirche am jeweiligen Jahrestag als Hochfest gefeiert. Für die Kirchen, deren Weihetag man nicht kennt, ist als gemeinsamer Feiertermin der dritte Sonntag im Oktober vorgesehen. In der Zeit der Aufklärung wurde in Bayern diese gemeinsame Feier von kirchlicher und staatlicher Seite für alle Kirchen vorgeschrieben, um die Vielzahl örtlicher Kirchweihfeste (und die damit verbundenen Volksvergnügungen) einzuschränken.

*Roland Götz*

Literatur

Pontifikale für die katholischen Bistümer des deutschen Sprachgebietes. IV: Die Weihe der Kirche und des Altares/Die Weihe der Öle. Handausgabe mit pastoralliturgischen Hinweisen, Freiburg – Basel – Wien 1994

Berger, Neues Pastoralliturgisches Handlexikon 255–258

---

Allmächtiger, ewiger Gott,
in freudigem Lobgesang
preisen wir deinen Namen,
denn du heiligst und führst deine Kirche.
In festlicher Feier weihen wir dir heute
dieses Haus des Gebetes.
Es soll dir für immer gehören,
und für uns ein Ort sein,
an dem wir dich, unsern Vater,
voll Liebe verehren,
auf dein Wort hören
und die Sakramente des Heiles feiern.
Dieses Haus weist hin
auf das Geheimnis der Kirche,
die Christus in seinem Blute geheiligt hat.
Sie ist dein Zelt unter den Menschen,
der heilige Tempel,
erbaut aus lebendigen Steinen,
gegründet auf das Fundament der Apostel;
der Eckstein ist Jesus Christus.

Zu dir flehen wir, Herr, unser Gott:
Segne vom Himmel her diesen Altar
und diese Kirche.
Dieser Ort sei geheiligt für immer
und dieser Tisch auf ewig geweiht
für das Opfer Christi.
Hier tilge die Flut deiner Gnade
die Vergehen der Menschen.
Hier feiere deine Gemeinde,
versammelt um den Altar,
das österliche Gedächtnis
und lebe vom Wort und vom Leibe Christi.
Hier erklinge der freudige Lobgesang,
hier vereine sich
die Stimme der Menschen
mit den Chören des Himmels,
und das Gebet für das Heil der Welt
steige allezeit empor vor dein Angesicht.
Hier mögen
die Armen Barmherzigkeit finden,
die Bedrückten die Freiheit
und jeder Mensch die Würde
deiner Kindschaft.
Nach dieser Zeit aber
lass uns alle jubelnd einziehn
in das himmlische Jerusalem.

Darum bitten wir durch Jesus Christus,
deinen Sohn, unsern Herrn und Gott,
der in der Einheit des Heiligen Geistes
mit dir lebt und herrscht in alle Ewigkeit.

Weihegebet des Bischofs bei der Kirchweihe, Kurzform

# Hl. Wolfgang
## Bischof von Regensburg

### 31. Oktober

Das 10. Jahrhundert stand ganz im Zeichen äußerer Bedrohung und innerer Umbrüche: Bis zur Mitte des Jahrhunderts bestand die Gefahr ungarischer Überfälle und noch Jahrzehnte später waren die Verwüstungen nicht behoben. Gleichzeitig gelang es dem sächsischen Herrscherhaus der Ottonen seine Herrschaft im ostfränkischen Reich zu festigen und damit das spätere Hl. Römische Reich deutscher Nation zu begründen. Parallel zu den Bemühungen der Ottonen, die Kirche an ihr Herrschaftssystem anzubinden, verfolgten kirchliche Kreise eine Reform des monastischen Lebens, weltliche Einflüsse sollten aus den Klöstern zurückgedrängt werden. Inmitten dieser Phase der Neuorientierung begegnet mit Wolfgang einer der großen Förderer der Klosterreform in Süddeutschland.

**Die Herkunft des** Heiligen liegt weitgehend im Dunkeln, vermutlich wurde er um 920 im schwäbischen Pfullingen geboren. Die Ausbildung Wolfgangs war einem Kleriker anvertraut, ehe durch den Besuch der Klosterschule auf der Insel Reichenau seine geistliche Laufbahn ihren Anfang nahm. Lerneifer, ein glänzendes Gedächtnis und hervorragende Begabung wurden dem Schüler attestiert, als er seinem Freund Heinrich zunächst auf die Domschule nach Würzburg und nach dessen Wahl und Ernennung zum Erzbischof von Trier 956 als Kanzler und Domdekan an die Mosel folgte. Nach dem frühen Tod Heinrichs 964 kehrte Wolfgang der Welt den Rücken zu und zog sich in das Kloster Einsiedeln zurück. Hier wurde er von Bischof Ulrich von Augsburg 968 zum Priester geweiht und begab sich 971 als Missionar nach Ungarn. Ein Jahr später wurde Wolfgang aus dem Missionsgebiet jedoch abberufen, denn auf Fürsprache des Passauer Bischofs Pilgrim hatte ihn Kaiser Otto I. zum Bischof von Regensburg erhoben.

**Als Reichsbischof mit** weltlichen Pflichten versehen geriet Wolfgang schon bald in die Auseinandersetzungen innerhalb der sächsi-

*Hochaltar-Schrein in der Filialkirche München-Pipping-St. Wolfgang, um 1480*

## Brauchtum und Verehrung

Der Kult um den heiligen Wolfgang setzte im Spätmittelalter ein und fand im Reich und in Ungarn Verbreitung. Zum Zentrum der Verehrung wurde das zum Kloster Mondsee gehörige St. Wolfgang am Wolfgangsee. Nach dem Zeitalter der Glaubensspaltung erlebte der Kult in der Barockzeit eine zweite Blüte.

## Darstellung, Attribute, Patronate

In der Barockzeit erwählte sich das Bistum Regensburg Wolfgang zu seinem Hauptpatron neben Emmeram und Dionysius. Der im Bischofsornat dargestellte Heilige gilt als Patron der Holzhauer, Zimmerleute, Hirten und Schiffer. Die Zuweisung erfolgte nicht zuletzt wegen eines Beils, das ihm neben einer Kirche als Hinweis auf seine Reformtätigkeit beigegeben ist.

schen Liudolfinger: Der Bischof stellte sich auf Seiten der im Reich herrschenden Ottonen und gegen die in Bayern regierende Nebenlinie unter Heinrich dem Zänker. Wolfgang zog sich aus der bayerischen Herzogsstadt Regensburg in Besitzungen seines Bistums im Salzkammergut und in Niederösterreich zurück, wo er zugleich bemüht war, die vorhandenen Schäden der Ungarneinfälle zu beheben. Erst nach der Niederwerfung Heinrichs 983 erfolgte die Aussöhnung zwischen Bischof und Herzog, in deren Folge Wolfgang die Erziehung der Herzogskinder Heinrich (später Heinrich II., der Heilige) und Gisela (später Gemahlin König Stephans von Ungarn) übernahm.

**Seelsorgliche Überlegungen beeinflussten** die Einwilligung Wolfgangs in die Abtrennung Böhmens vom Bistum Regensburg 973, das in der Folge über die eigene Diözese Prag pastoral betreut wurde und für die weitere Geschichte Böhmens wichtig werden sollte. Bedeutend waren die Bemühungen des Heiligen um die Erneuerung der Klöster in Süddeutschland, sie gelten als Wolfgangs eigentlicher Verdienst. Dem bemängelten Zustand einer zunehmenden Verweltlichung der Klöster wurde, ausgehend von den Reformzentren Gorze (Lothringen) und Cluny (Burgund), das Ideal monastischer Abgeschiedenheit und die Forderung einer stärkeren Beachtung der Benediktsregel entgegengestellt. Gegen den Willen des Domkapitels hob Wolfgang die bis dato übliche Personalunion von Bischof und Abt auf, wie sie in Regensburg zwischen Bistum und Kloster St. Emmeram bestand. Dass er seit seiner Trierer Zeit mit der Reformbewegung verbunden war, verdeutlicht die Berufung des Emmeramer Reformabts Ramwold von Trier, unter dem das Kloster seine erste Blütezeit erleben sollte. Das Ereignis hatte zugleich Signalwirkung auf weitere Klöster, etwa Niederaltaich, Tegernsee oder Münsterschwarzach, und auf Vermittlung Wolfgangs breitete sich die Reform über Süddeutschland aus.

**Während einer Reise** zu auswärtigen Besitzungen des Bistums Regensburg verstarb Wolfgang am 31. Oktober 994 im oberösterreichischen Pupping und fand im Kloster St. Emmeram zu Regensburg seine letzte Ruhestätte. Knapp 60 Jahre später, am 7. Oktober 1052, begründete Papst Leo IX. durch die Erhebung der Gebeine die Heiligenverehrung Wolfgangs.

**Die zeitgenössische anonyme** Vita Wolfgangs ist zwar verschollen, diente jedoch den Emmeramer Mönchen Arnold und Otloh im 11. Jahrhundert als Vorlage für ihre bekannten Heiligenviten. In der Legende hingegen wurde Wolfgang zum Einsiedler am Abersee, der sich nach segensreichem Wirken in das Salzburger Land zurückgezogen hatte. Dort soll er eigenhändig eine kleine Kapelle mit Zelle errichtet und fünf Jahre in Abgeschiedenheit gelebt haben, ehe er in die Welt zurückgekehrt sei; bis heute erinnert der Wolfgangsee (vormals Abersee) an diese vermeintliche Weltflucht des Heiligen. Der historische Kern der Legende, die dem von Wolfgang reformierten Kloster Mondsee zugeschrieben wird, dürfte im Rückzug des Bischofs auf die österreichischen Besitzungen während des Aufstandes Heinrichs des Zänkers zu suchen sein.

*Michael Volpert*

Literatur

Bistumspatrone in Deutschland 158 – 166 (Paul Mai)
Lebensbilder aus der Geschichte des Bistums Regensburg I 93 – 107 (Georg Schwaiger)

Gott, du hast uns im heiligen Wolfgang
einen Mann des Geistes und der Tat geschenkt
und ihn dazu berufen, als Mönch und Bischof
auf vielfache Weise deiner Kirche zu dienen.
Gib auch der Kirche unserer Zeit
die Weite seines Geistes und die Kraft seiner Liebe.
Darum bitten wir
durch unseren Herrn Jesus Christus.

Tagesgebet am Fest des hl. Wolfgang

# Allerheiligen

## *1. November*

Als der Apostel Paulus um das Jahr 50 an die zerstrittene junge Christengemeinde in Korinth schrieb, adressierte er seinen Brief »an die Geheiligten in Christus Jesus, berufen als Heilige mit allen, die den Namen Jesu Christi, unseres Herrn, überall anrufen« (1 Kor 1,2). Ähnliche Anreden finden sich auch in anderen Briefen (z. B. 2 Kor 1,1; Röm 1,7). Die Heiligkeit aller Christen beruht demnach nicht auf besonderen Leistungen, sondern auf der Berufung durch Christus.

**Über das endzeitliche** Schicksal all derer, die dieser Berufung im Leben und im Sterben treu geblieben sind, spricht in Bildern die Geheime Offenbarung. Johannes sieht in einer Himmelsvision »eine große Schar aus allen Nationen und Stämmern, Völkern und Sprachen; niemand konnte sie zählen. Sie standen in weißen Gewändern vor dem Thron [Gottes] und vor dem Lamm und trugen Palmzweige in den Händen. Sie riefen mit lauter Stimme: Die Rettung kommt von unserem Gott, der auf dem Thron sitzt, und von dem Lamm. ... Es sind die, die aus der großen Bedrängnis kommen; sie haben ihre Gewänder gewaschen und im Blut des Lammes weiß gemacht. Deshalb stehen sie vor dem Thron Gottes und dienen ihm bei Tag und bei Nacht in seinem Tempel; und der, der auf dem Thron sitzt, wird sein Zelt über ihnen aufschlagen. Sie werden keinen Hunger und keinen Durst mehr leiden, und weder Sonnenglut noch irgendeine sengende Hitze wird auf ihnen lasten. Denn das Lamm in der Mitte vor dem Thron wird sie weiden und zu den Quellen führen, aus denen das Wasser des Lebens strömt, und Gott wird alle Tränen von ihren Augen abwischen« (Offb 7). Auszüge aus diesem Kapitel bilden heute die 1. Lesung am Fest Allerheiligen.

**Dass man neben** dem Gedenken der Heiligen an ihrem jeweiligen Festtag alle Heiligen gemeinsam an einem Tag (zumeist in der Osterzeit) feierte, ist erstmals im 4. Jahrhundert in der syrischen Kirche bezeugt. In der

Kuppelfresko von Hans Georg Asam in der Pfarrkirche Tegernsee-St. Quirinus, 1690

## Brauchtum

Das Allerheiligenfest ist heute weithin geprägt durch das Totengedenken, das vom Allerseelentag vorgezogen wurde: Schmücken der Gräber, Besuch der Friedhöfe, Gräberumgang und -segnung. Die sich neuerdings ausbreitende, faschingsähnliche Vorfeier von Allerheiligen (»Halloween«) knüpft an Brauchtum des alten keltischen Neujahrsfestes an.

## Darstellung

Die ältesten Allerheiligen-Darstellungen zeigen die Anbetung des Lammes. Die Heiligen bilden dabei Reihen oder »Chöre« ohne individuelle Kennzeichen. Später sind sie (nach Stand u.a.) zu Gruppen geordnet und durch Attribute identifiziert. Besonders eindrucksvoll sind Darstellungen der Anbetung Gottes durch die Heiligen in der Ausmalung barocker Kuppeln.

byzantinischen Kirche wird ein solches Fest bis heute am Sonntag nach Pfingsten begangen. Auch die römische Kirche übernahm im 6. Jahrhundert diesen Brauch. Papst Bonifaz IV. (608 – 615) ließ das antike Pantheon, das einst Kaiser Hadrian zu Ehren aller Götter hatte errichten lassen, zu einer Kirche umgestalten und weihte es am 13. Mai 609/610 Maria und allen Heiligen. Der heutige Festtermin am 1. November verbreitete sich um 800 in England und im karolingischen Reich; im 10. Jahrhundert ist er auch in Rom bezeugt. Dieser Tag galt als Anfang des Winters. In den keltischen Gebieten war er ein heidnischer Festtag, der vielleicht durch die Feier von Allerheiligen verchristlicht werden sollte.

**Die seit dem** Mittelalter bestehende Nachbarschaft von Allerheiligen zum Gedenktag aller verstorbenen Gläubigen am 2. November (Allerseelen) hat einen guten theologischen Sinn. Die Lebenden und die Verstorbenen, die bekannten und die namenlosen »Heiligen« – sie gehören ja alle zur großen, Raum und Zeit übergreifenden Gemeinschaft der Kirche und treten im Gebet füreinander ein. Diese Gemeinschaft betont das II. Vatikanische Konzil und sagt grundsätzlich zum Sinn der Heiligenverehrung (Lumen Gentium 50):

**»Wenn wir ...** auf das Leben der treuen Nachfolger Christi schauen, erhalten wir neuen Antrieb, die künftige Stadt zu suchen ... Zugleich werden wir einen ganz verlässlichen Weg gewiesen, wie wir, jeder nach seinem Stand und seinen eigenen Lebensverhältnissen, durch die irdischen Wechselfälle hindurch zur vollkommenen Vereinigung mit Christus, nämlich zur Heiligkeit, kommen können ...

**Aber nicht bloß** um des Beispiels willen begehen wir das Gedächtnis der Heiligen, sondern mehr noch, damit die Einheit der ganzen Kirche durch die Übung der brüderlichen Liebe im Geiste gestärkt werde ... Denn wie die christliche Gemeinschaft unter den Erdenpilgern uns näher zu Christus bringt, so verbindet auch die Gemeinschaft mit den Heiligen uns mit Christus, von dem als Quelle und Haupt jegliche Gnade und das Leben des Gottesvolkes selbst ausgehen. So ziemt es sich also durchaus, diese Freunde und Miterben Christi, unsere Brüder und besonderen Wohltäter, zu lieben, Gott für sie den schuldigen Dank abzustatten, ‚sie hilfesuchend anzurufen und zu ihrem Gebet, zu ihrer mächtigen Hilfe Zuflucht zu nehmen, um Wohltaten zu erflehen von Gott durch seinen Sohn Jesus Christus, der allein unser Erlöser und Retter ist'. Jedes echte Zeugnis unserer Liebe zu den Heiligen zielt nämlich seiner Natur nach letztlich auf Christus, der ‚die Krone aller Heiligen' ist, und durch ihn auf Gott, der wunderbar in seinen Heiligen ist und in ihnen verherrlicht wird.«

*Roland Götz*

Literatur
Berger, Neues Pastoralliturgisches Handlexikon 13 – 14

Dich, Gott, loben wir,
dich, Herr, preisen wir.
Dir, dem ewigen Vater, huldigt das Erdenrund.
Dir rufen die Engel alle, dir Himmel und Mächte insgesamt,
die Kerubim dir und die Serafim, mit niemals endender Stimme zu:
Heilig, heilig, heilig der Herr, der Gott der Scharen!
Voll sind Himmel und Erde von deiner hohen Herrlichkeit.

Dich preist der glorreiche Chor der Apostel,
dich der Propheten lobwürdige Zahl,
dich der Märtyrer leuchtendes Heer,
dich preist über das Erdenrund die heilige Kirche,
dich den Vater unmessbarer Majestät;
deinen wahren und einzigen Sohn
und den heiligen Fürsprecher Geist.

Aus dem »Te Deum«, 4. Jahrhundert, in der Übertragung von Romano Guardini, 1950

# Sel. Rupert Mayer

## Priester

### *3. November*

Am 23. Januar 1876 wurde Rupert Mayer am Stuttgarter Marktplatz, an dem seine Eltern ein Geschäft betrieben, geboren. Er und seine fünf Geschwister wuchsen in einem religiösen und weltoffenen Elternhaus auf. Nach dem Abitur 1894 begann Rupert mit dem Studium der Theologie in Fribourg/Schweiz, München und Tübingen. Am 2. Mai 1899 wurde er in Rottenburg zum Priester geweiht, im Oktober 1900 begann er sein Noviziat bei den Jesuiten. Wegen der Kulturkampfgesetze in Deutschland musste er seine gesamte Ordensausbildung in Österreich und den Niederlanden absolvieren.

**Von 1906–1911 war** P. Rupert Mayer mit der Durchführung von Volksmissionen in Deutschland, Österreich, der Schweiz und den Niederlanden beauftragt. 1912 wurde er Seelsorger für die Zuwanderer in München – eine Aufgabe, die er mit großem Engagement wahrnahm. Er sammelte einen Kreis von Menschen verschiedenster Berufe um sich, machte Hausbesuche, vermittelte Arbeitsplätze und half aus mancher Not. Im Ersten Weltkrieg stand er als Divisionspfarrer den Soldaten, die ihn sehr schätzten, bei. 1916 erlitt er eine Verletzung, infolge derer das linke Bein amputiert werden musste.

**In der politisch** unruhigen Zeit nach dem Ersten Weltkrieg rief er die Menschen zur inneren Erneuerung, zur Hinwendung auf Gott und zu gelebtem Christentum auf. Er besuchte politische Veranstaltungen aller Richtungen und kirchenfeindlicher Gruppen, kannte seine Gegner und konnte somit auf Angriffe reagieren. Der Männerseelsorger Mayer wurde 1921 von Kardinal Faulhaber zum Präses der »Marianischen Männerkongregation« ernannt, deren Mitgliederzahl in den folgenden Jahren deutlich anstieg. Rupert Mayer machte sie zu einem Zentrum einer neuen Großstadtseelsorge. Der Caritasapostel und »15. Nothelfer« Münchens half vielen Bedürftigen auch materiell. Beispielhaft für sein pragmatisches Handeln

*P. Rupert Mayer als Caritas-Sammler vor der Münchener Michaelskirche, 18. Mai 1935*

## Brauchtum und Verehrung

An das Grab des Seligen kommen heute täglich unzählige Menschen aller Altersgruppen, die Reihe der Beter reißt nicht ab. P. Rupert Mayer genießt in Deutschland, besonders im süddeutschen Raum, breite Verehrung. Die Marianische Männerkongregation bemüht sich intensiv um seine Heiligsprechung. Jedes Jahr verleiht der Katholikenrat der Region München die P. Rupert Mayer-Medaille für vorbildliches, kontinuierliches, ehrenamtliches Laienengagement. Einmal im Monat findet im Bürgersaal im Gedenken an P. Rupert Mayer ein Gottesdienst der Verbände und Diözesanräte für die Anliegen der Seelsorgsregion München statt.

## Darstellung, Attribute, Patronate

Es existieren zahlreiche Photographien von P. Rupert Mayer, woran sich die künstlerischen Darstellungen anlehnen. Der Selige wird bei Problemen und Nöten aller Art angerufen. Besonders stellen sich die Marianische Männerkongregation, die Räte der Region München und der Diözesancaritasverband der Erzdiözese München und Freising e.V. unter seinen Schutz und fühlen sich seinem apostolischen Wirken verbunden.

angesichts der veränderten Lebensgewohnheiten der Menschen waren die von ihm initiierten seit 1925 sonntags gehaltenen Bahnhofsgottesdienste für die Ausflügler.

**Von großer Bedeutung** war für den Seelsorger Mayer immer die Glaubensverkündigung. Die Menschen schätzten seine deutlichen Worte zu aktuellen Problemen der Zeit auf der Kanzel von St. Michael und bei Versammlungen. So erkannte er bereits in den 20er Jahren die Gefahr, die vom Nationalsozialismus ausging. Auch nach 1933 verteidigte er christliche Grundsätze und griff somit die Machthaber direkt an, wohl wissend, dass jedes seiner Worte genau registriert wurde. Stets ging es ihm um die Glaubensverkündigung in Wort und Tat. So stand er am 18. Mai 1935, als die Caritas-Sammlung verboten wurde, selbst mit der Sammelbüchse vor der St. Michaelskirche und protestierte bei den zuständigen Stellen. Im April 1937 erfolgte ein Rede- und Predigtverbot, am 5. Juni die Verhaftung, nachdem er mit Billigung der Ordensoberen weiter gepredigt hatte. Dies führte zur Entrüstung unter Münchens Katholiken. Am 4. Juli 1937 stieg Michael Kardinal Faulhaber auf die Kanzel von St. Michael, um in der Predigt »Flammenzeichen rauchen« beim Hauptkonvent der Männerkongregation die Verdienste des Bekenners Mayer zu würdigen und gegen die Verhaftung des Männerapostels zu protestieren. Nach einem Prozess im Juli 1937 vor dem Sondergericht München wurde P. Rupert Mayer verurteilt, jedoch freigelassen. Aufgrund weiterer Predigttätigkeit wurde er am 5. Januar 1938 verhaftet und in Landsberg am Lech inhaftiert. Durch eine Amnestie kam er am 3. Mai 1938 frei. Obwohl er sich auf Weisung seines Provinzials und des Kardinals nun dem Predigtverbot fügte, kam es am 3. November 1939 zu einer dritten Verhaftung, weil er sich weigerte, Auskunft über seine Seelsorgegespräche zu geben. Nachdem sich sein Gesundheitszustand im KZ Sachsenhausen deutlich verschlechterte, stimmten die Machthaber, die aus ihm keinen Märtyrer machen wollten, einer Isolation des Paters im August 1940 in Ettal zu, wo er bis Kriegsende lebte. Er fühlte sich als sei er »lebend ein Toter«. Im Mai 1945 kehrte Rupert Mayer nach München zurück, wo sich der unermüdlich Scheinende für den geistigen und materiellen Wiederaufbau Münchens einsetzte. Diese aufopfernde Tätigkeit hat ihn geschwächt. An Allerheiligen 1945 erlitt P. Rupert Mayer während seiner Predigt einen Schlaganfall und verstarb wenig später. Seine letzten Worte »der Herr« bezeichneten die Mitte seines Lebens.

**Nachdem das Grab** des »Apostels Münchens« auf dem Pullacher Jesuitenfriedhof von unzähligen Menschen besucht wurde, überführte man ihn 1948 in die Unterkirche der Münchener Bürgersaalkirche. 1950 begann der Seligsprechungsprozess, am 3. Mai 1987 erfolgte seine Seligsprechung durch Papst Johannes Paul II. in München.

*Susanne Kornacker*

Literatur

Wilhelm Sandfuchs, Pater Rupert Mayer. Verteidiger der Wahrheit – Apostel der Nächstenliebe – Wegbereiter moderner Seelsorge, Würzburg 1981

Roman Bleistein, Rupert Mayer. Der verstummte Prophet, Frankfurt am Main 1993

Alle unsere Anmutungen und Vorsätze,
alle unsere Schwierigkeiten und Versuchungen,
alle unsere Kämpfe und Leiden,
alle unsere Sorgen und Ängste
legen wir mit unermesslichem,
unerschütterlichem Gottvertrauen nieder
in das Herz unseres Erlösers.
Wenn Gott mit uns ist,
wer ist dann gegen uns?

P. Rupert Mayer

# Hl. Leonhard
## Einsiedler von Limoges

### 6. November

Der hl. Leonhard zählt zu den am meisten verehrten Heiligen des Alpenraumes. Seine Lebensgeschichte wurde im 11. Jahrhundert in der Historia des Ademar von Chabannes aufgezeichnet. Die Verehrung des Heiligen hatte zu dieser Zeit eine Intensität erreicht, die es der Kirche notwendig erscheinen ließ, die Lebensdaten Leonhards zu sammeln. Der Bischof von Limoges bat seinen Amtskollegen in Chartres um Informationen über Leonhard und erhielt dabei folgende Auskunft: Leonhard wurde in der Provinz Gallien geboren, in der Nähe von Limousin im heutigen Zentralfrankreich. Sein Taufpate war der Frankenkönig Chlodwig († 511), der das Merowingerreich begründet und selbst erst durch seine Frau das katholische Christentum angenommen hatte. Die Eltern Leonhards kamen aus der weitverzweigten Familie Chlodwigs. Sein Vater hatte unter der Palastwache des Königs eine führende Stellung. Das war ein erstes Ergebnis der Nachforschungen. Auf diesen Aufzeichnungen Ademars beruhen alle späteren Lebensbeschreibungen des hl. Leonhard. Eine der schönsten Fassungen der Legende geht dabei auf Jacobus de Voragine († 1298) zurück, Dominikanermönch und Erzbischof von Genua:

**»Leonhard soll um** das Jahr 500 gelebt haben. Vom heiligen Remigius, dem Erzbischof von Reims, wurde er getauft. Der lehrte ihn im Glauben. ... Leonhard selbst war beim König in solchen Gnaden, dass alle Gefangenen, die er besuchte, bald freigelassen wurden. Da nun der Ruf seiner Heiligkeit wuchs, bat ihn der König, dass er bei ihm bleibe, damit er ihm zur rechten Zeit ein Bistum geben könne. Das lehnte er aber ab, denn sein Sinn stand nach Einsamkeit. Darum ließ er alles zurück und zog mit seinem Gesellen Liphardus nach Orleans. Dort lebten sie einige Zeit in einem Kloster. Danach trennten sie sich, denn Liphardus wollte an den Ufern der Loire als Einsiedler leben. Leonhard aber wollte auf Mahnung des Heiligen Geistes in Aquitania predigen. So predigte Leonhard, tat Wunder und wohnte in einem Wald nahe bei der Stadt Limoges. Da war auch ein Schloss des Königs für die Jagd gebaut worden. Es geschah eines Tages, dass der König

*Hochaltarfigur von Thomas Buscher in der Pfarrkirche St. Leonhard am Wonneberg, 1895*

## Brauchtum und Verehrung

Der eigentliche Leonhardskult begann, nachdem im 11. Jahrhundert seine Reliquien öffentlich ausgestellt wurden. Von Frankreich verbreitete er sich rasch nach Süden und Osten, was auch mit den Kreuzzügen zusammenhängt, in denen Leonhard als Patron der Gefangenen eine besondere Bedeutung als Fürsprecher zukam. In dieser Eigenschaft und später auch als Patron der Pferde und des Hornviehs wurden ihm hauptsächlich eiserne Weihegaben wie Hufeisen und Ketten dargebracht. Heute werden ihm vor allem Votivtafeln und Kerzen gestiftet. Seine Verehrung in Altbayern ist ungebrochen und zeigt sich Jahr für Jahr in den großen Leonhardifahrten landauf und landab wie Grafing, Kreuth, Tölz, Fürstenfeldbruck oder – im Bistum Augsburg – Inchenhofen, das früher zum Zisterzienserkloster Fürstenfeld gehörte und eine der größten Wallfahrten des Mittelalters war.

## Darstellung, Attribute, Patronate

In der Kunst wird Leonhard früh dargestellt. Vom Ende des 13. Jahrhunderts stammt die Plastik aus dem Würzburger Dom, die Leonhard mit seinen maßgebenden Attributen zeigt: Abtstab, Kette und Buch. Sein Urpatronat ist der Schutz der Gefangenen. Daraus und aus seiner Lebensbeschreibung entwickelten sich alle anderen Patronate: Patron der Gebärenden; Patron der Geisteskranken – auch sie wurden früher in Ketten gehalten; Patron all derer, die »in mancherlei Bande verstrickt sind« – Leonhard als Nothelfer schlechthin; Beschützer der Tiere. Als Viehpatron wird er in Bayern zum »Bauernherrgott«, zum Helfer in allen Situationen des bäuerlichen Lebens, die Gefangenenkette wird zur Viehkette, zu seinen Füßen erscheinen Pferd und Rind.

dort jagte und die Königin aus Kurzweil mitgefahren war. Da bekam sie Geburtswehen und war in großen Nöten. Der König und sein Gesinde klagten darüber und da Leonhard zufällig durch den Wald ging, hörte er die Stimmen der Klagenden und ging in großem Mitleid dorthin. Da der König ihn rief, trat er zu ihm ein. Der König fragte ihn, wer er wäre. Als er hörte, dass er ein Jünger des heiligen Remigius gewesen sei, gewann er Vertrauen. Denn er glaubte, dass ihn der große Meister viel gelehrt haben müsste. So führte er ihn zur Königin und bat ihn, dass er ihm mit seinem Gebet sein Weib wiedergebe und bei der Geburt seines Sohnes helfe und ihm so zweifache Freude spende. Da betete der Heilige und seine Bitte wurde gewährt. Der König bot ihm einen großen

Schatz an Gold und Silber, aber er wollte es nicht nehmen und mahnte ihn, dass er es den Armen geben sollte. Er sprach: ‚Von allem diesem brauche ich nichts; ich begehre nichts anderes, als allein in einem dieser Wälder zu wohnen, fern von allen Schätzen der Welt, und möchte nur Gott dem Herrn dienen.' Da wollte ihm der König den ganzen Wald geben. Er aber sprach: ‚Den ganzen Wald mag ich nicht nehmen, ich begehre allein soviel, als ich in einer Nacht mit meinem Esel umreiten kann.' Das gewährte ihm der König mit Freuden. So baute er sich an der Stätte ein Kloster und lebte dort mit zwei Mönchen, die sich zu ihm gesellt hatten, in großer Enthaltsamkeit. Da aber das Wasser von ihnen eine Meile entfernt war, ließ der Heilige einen trockenen Brunnen in die Tiefe graben; und als er betete, wurde er voll Wasser. Die Stätte selbst nannte er Nobiliacum, weil sie ihm von einem edlen König gegeben worden war. Dort wirkte er große Wunder. Wenn er einen Gefangenen mit Namen im Gefängnis anrief, so rissen dessen Fesseln sogleich und er ging frei davon, ohne dass ihn jemand hindern konnte. Der Gefangene kam dann zu dem Heiligen und brachte ihm seine Fesseln oder Ketten dar. Viele dieser Befreiten blieben bei ihm und dienten dem Herrn. ... Zuletzt fuhr der heilige Leonhard auf zum Herrn, strahlend durch so viele Tugenden. Es geschahen an dieser Stelle noch viele Wunder. Doch wurde den Klerikern seiner Kirche zuletzt offenbart, dass sie ihm an einem anderen Ort eine Kirche bauen sollten, denn die Stätte war für den Zudrang des Volkes zu klein. Mit Würde sollten sie seinen Leichnam dorthin überführen. So fasteten und beteten sie mit dem Volk drei Tage lang und als sie aufsahen, war überall Schnee gefallen, bis auf die Stelle, wo der heilige Leonhard ruhen wollte. Dahin überführten sie den heiligen Leichnam. Wieviel Wunder der Herr an den Gefangenen durch ihn wirkte, das bezeugen die unzähligen eisernen Ketten, die vor seinem Grab aufgehängt sind.«

*Birgitta Klemenz*

**Literatur**

Günther Kapfhammer, Sankt Leonhard zu Ehren, Rosenheim 1977

Sankt Leonhard zu Ehren. 550 Jahre Leonhardikirche in Fürstenfeldbruck, hg. von Birgitta Klemenz, Fürstenfeldbruck 1990

Allmächtiger und barmherziger Gott, durch die Verdienste und das Gebet deines seligen Bekenners Leonhard gewährst du die Arznei der Errettung allen, die seine Hilfe anrufen, ob sie in Gefangenschaft leben oder in mancherlei andere Bande verstrickt sind; gewähre uns, deinen Dienern, dass wir durch die verehrungswürdige fromme Fürsprache dieses Heiligen in allen Bedrängnissen des Leibes Hilfe erlangen und auch von den Fesseln der Sünde durch deine unvorstellbare Güte befreit werden.

Tagesgebet aus dem »Leonhardsmissale« des Klosters Fürstenfeld; München, Bayerische Staatsbibliothek Clm 6915

# Hl. Arsacius

## *12. November*

Das anmutige Ilmtal erhält seinen Anziehungspunkt in dem stattlichen Ilmmünster, das nahezu in der Mitte zwischen München und Ingolstadt an der Landstraße, 5 km südlich von Pfaffenhofen, von einem zur Seite gelegenen Hügel herab die nächste Umgebung beherrscht. Das Stift Ilmmünster und die Verehrung des hl. Arsacius gehören zusammen. Ilmmünster musste seinen Ursprung in der späten Agilolfingerzeit in der zweiten Hälfte des 8. Jahrhunderts haben. Dabei wird eine enge Verbindung zwischen Tegernsee und Ilmmünster angenommen. Neuerdings wird auch eine andere Version diskutiert, wonach die Gründung von Ilmmünster auf eine dem bayerischen Herzog Tassilo III. nahe stehende Familie zurückgehen soll.

**Ilmmünster gehörte spätestens** seit 902/903 als Filiale zu Tegernsee, als »monasterium Ilmina pertinens ad Tegirinseo«. Auf Veranlassung der Stifter von Tegernsee, Adalbert und Otkar, dürfte ihr Neffe Uto in Ilmmünster tätig gewesen sein. Uto wird auf einer Grabinschrift aus der Mitte des 9. Jahrhunderts als Priestermönch und Beschützer von Ilmmünster und als Überbringer der Arsaciusreliquien angesehen.

**Gesicherte Nachrichten über** das Leben des hl. Arsacius besitzen wir allerdings nicht. Sicher ist, dass Arsacius zu den so genannten Translationsheiligen gehört, deren Reliquien im 8. Jahrhundert von Rom bzw. von Italien nach Bayern gebracht wurden. Ein Kalendarfragment des 9. Jahrhunderts führt für den 11. Mai bereits die Weihe der neuen Arsacius-Kirche in Ilmmünster auf. Ab dem 9. Jahrhundert wird dann Arsacius mit Quirinus von Tegernsee in Verbindung gebracht. Bald nach 804 besteht nämlich bereits eine Verbindung zwischen Ilmmünster und Tegernsee, da Ilmmünster zu diesem Zeitpunkt eine Reliquie des hl. Quirinus beherbergte. In der Tegernseer »Passio s. Quirini« aus dem 12. Jahrhundert wurde dann festgeschrieben, dass die Tegernseer Klostergründer

*Tafelbild von Jan Polack in der Pfarrkirche Ilmmünster-St. Arsatius, um 1500*

## Brauchtum und Verehrung

Bereits seit dem Beginn des 9. Jahrhunderts hatte sich in Ilmmünster eine Wallfahrt zum hl. Arsacius entwickelt. Am Ende des 15. Jahrhunderts, als das nunmehr in Ilmmünster bestehende Kollegiatstift an die Münchener Frauenkirche verlegt worden war, wurden auch die Reliquien des hl. Arsacius nach München gebracht. Herzog Albrecht IV. musste den erbitterten Widerstand der Ilmmünsterer Bevölkerung brechen. Arsacius wurde zum Stadtpatron Münchens ausgerufen. Seine Reliquien wurden in einem kostbaren Silberschrein über dem Kreuzaltar der neuen gotischen Frauenkirche aufgestellt. Seine Verehrung blieb in München allerdings bescheiden. Seit 1846 sind die Gebeine wieder in der romanischen Krypta von Ilmmünster. Seit der Überführung von Rom nach Ilmmünster wird das Fest des Kirchenpatrons am 12. November begangen, wobei dieser Termin mit der aus Neapel und Mailand überlieferten Tradition der Arsacius-Verehrung übereinstimmt.

## Darstellung, Attribute, Patronate

Arsacius wird dargestellt als Bischof mit Stab und Mitra, mit dem Schrein der »Heiligen Drei Könige« und mit der ehernen Schlange des Moses. Da Arsacius der Legende nach einer armen Frau eine gefallene Kuh wieder zum Leben erweckt hatte, erlangte er als Patron gegen Viehfall Verehrung.

Adalbert und Otkar von Papst Zacharias Reliquien des hl. Arsacius erhalten hatten.

**Man kann für** die ersten fünf Jahrhunderte seit der Translation nach Ilmmünster für Arsacius sagen, dass erstens der hl. Arsacius zugleich mit dem hl. Quirinus von dem Mönch Uto (bzw. Eio), dem Neffen der Stifter von Tegernsee, im 8. Jahrhundert von Rom nach Bayern gebracht worden war, zweitens der hl. Quirinus als Märtyrer und der hl. Arsacius als »confessor« (Bekenner) verehrt wurden. Zum ersten Mal zeigte sich eine Abweichung von dieser allgemeinen Tradition in der ersten Hälfte des 13. Jahrhunderts bei Konrad von Scheyern, der den hl. Arsacius als »episcopus« (Bischof) in das Scheyerer Kalendarium eingetragen hatte. Dieser Bruch mit der Tradition fiel zusammen mit dem Bau der romanischen Ilmmünsterer Kirche (nach dem Mailänder Vorbild Sant' Eustorgio).

**Ab dem 15. Jahrhundert** war dann die Vita des hl. Arsacius auf dem Hintergrund der Mailänder Tradition festgeschrieben: Arsacius lebte zur Zeit des Kaisers Theodosius I. (379 – 395) als hoher Beamter in Mailand.

Die Heiligen Ambrosius (†379), Eustorgius (†518) und Auxanus (†557) wurden somit zu Zeitgenossen von Arsacius. In Mailand habe der hl. Ambrosius ihn zum Christentum bekehrt. Arsacius wurde Schüler des großen Kirchenlehrers und konnte durch sein christliches Zeugnis auch seine Eltern, seinen Bruder Eustorgius und viele andere zum Glauben an Christus bringen. Zusammen mit seinem Bruder Eustorgius reiste Arsacius nach Konstantinopel und überführte die Gebeine der Heiligen Drei Könige nach Mailand. Auch die eherne Schlange des Mose hätten Arsatius und Eustorgius nach Mailand mitgebracht. (Die Schlange des Mose kam allerdings erst um das Jahr 1002 von Erzbischof Arnulf II. [999 – 1018] von Konstantinopel nach Mailand.) Das Motiv des wilden Tieres, das gezähmt in den Dienst des Heiligen tritt, findet auch in der Vita des hl. Arsacius Verwendung. Arsacius zwang auf seiner Überführungsreise von Konstantinopel nach Mailand einen Wolf, der ihm einen Zugochsen gerissen hatte, statt dessen den Wagen zu ziehen, in dem die Heiligen Drei Könige ruhten. Nach dem Tod des hl. Ambrosius legte der unmittelbare Nachfolger sein Bischofsamt schon nach einem Monat nieder. Arsacius sei dann einstimmig zum Bischof von Mailand gewählt worden.

**Das Wort »Arsacius«** (häufiger »Arsatius« geschrieben) könnte auch einer anderen Tradition entnommen sein. Nach der Quirinus-Legende wurde der Leichnam des hl. Quirinus von einem Perser und seiner Familie in Rom begraben. Dieser Perser könnte ebenfalls der hl. Arsacius sein. »Arsacius« wäre dann nicht als Eigenname, sondern auch in der Bedeutung »Perser« oder »Parther« zu verstehen. Demnach wäre Arsacius nicht nur ein Bekenner mit diesem Namen, sondern eben genau dieser Mann aus Persien. Dadurch würde Arsacius eindeutig nach Rom verwiesen.

*Peter Pfister*

**Literatur**

Peter Pfister, Das Kollegiatstift Ilmmünster, Pfaffenhofen a.d. Ilm 1989

O Herr und Gott,
mögest du deine Ohren unseren flehentlichen Bitten öffnen,
die wir anlässlich der Überführung deines Bekenners Arsacius an dich richten.
Er möge stets für uns stellvertretend fürbittend eintreten,
damit wir würdig werden,
von unseren Verfehlungen zu den Tugenden hinübergeführt zu werden.

Nach einem Gebet aus dem Messformular der Translationsfeier des hl. Arsacius, 12. Jahrhundert

# Hl. Marinus, Bischof, Märtyrer und hl. Anianus, Diakon Glaubensboten

## *15. November*

Die Heiligen Marinus und Anianus führen uns in die frühe Zeit der bayerischen Geschichte, aus der vieles nicht mehr mit Sicherheit belegt werden kann.

**Leben und Wirken** von Marinus und Anianus werden in einer Vita geschildert, die in zwei Fassungen vorliegt und deren Glaubwürdigkeit umstritten ist. Die kürzere Fassung der Vita berichtet, dass Vandalen (vermutlich Slawen) zur Zeit der Regentschaft des Kaisers Leontius (695 – 698) in die Höhle des Marinus eindrangen und ihn zwingen wollten, ihnen den Weg zu bewohnten Gebieten zu zeigen. Als Marinus sich weigerte – er hatte gelobt, er werde seine Höhle nicht lebend verlassen –, wurde er von den Vandalen auf einem Holzstoß bei lebendigem Leibe verbrannt. Am gleichen Tag starb Anianus eines wundersamen Todes, nachdem er die Eucharistie empfangen und eine goldene Taube seinen Mund verlassen hatte. 50 Jahre später wurde dem Priester Priamus der Begräbnisort der beiden in Arrisium offenbart, Bischof Tolusius schließlich ließ die Reliquien feierlich erheben. Die längere Fassung berichtet über die Herkunft der Heiligen. Danach verließen Marinus und sein Neffe Anianus, von edler Abstammung und hoher Bildung, im Jahr 656 ihre irische Heimat und zogen als christliche Pilger nach Rom. Dort erhielt Marinus von Papst Eugen I. (654 – 657) die Bischofsweihe, Anianus die Diakonenweihe. Die beiden Pilger ließen sich schließlich in Bayern in der Waldeinsamkeit um den Irschenberg nieder, nur durch eine tiefe Schlucht voneinander getrennt. Hier lebten sie 40 Jahre als Einsiedler, bis am 15. November 697 Marinus das Martyrium erlitt, und Anianus verstarb.

**Seit langem stehen** vor allem die ungeschichtlichen Namensbezeichnungen der Vita im Blickpunkt der Forschung sowie die Entstehungszeit und der Verfasser. Man versuchte, die Namen zuzuordnen und so Bischof Tolusius als den Freisinger Bischof

*Aufsatz des Opferstocks neben dem Hochgrab der Heiligen Marinus und Anianus in der Kirche von Wilparting, bemalt von Johann Baptist Vicelli, um 1728*

## Brauchtum und Verehrung

Am 15. November, dem »Mareistag«, besuchen viele Wallfahrer aus der Umgebung die Gottesdienste in Wilparting und gehen nach Alb. Die Ständigen Diakone der Erzdiözese München und Freising (deren Zeitschrift »Diakon Anianus« heißt) kommen jedes Jahr an diesem Tag nach Wilparting und feiern das Anianusfest.

## Darstellung, Attribute, Patronate

Der hl. Marinus wird als Bischof dargestellt, mit Stab und Buch. Der hl. Anianus trägt die Dalmatik des Diakons, zudem ein Buch, bei manchen Darstellungen auch eine Taube. Anianus und Marinus werden in allen Nöten angerufen; Anianus ist zudem der Patron der Ständigen Diakone des Erzbistums. Er wird in jüngster Zeit auch häufiger bei Kinderlosigkeit aufgesucht.

Joseph (748 – 764), den Presbyter Priamus als dessen Nachfolger Arbeo (764 – 783) und Arrisium als Irschenberg zu deuten, was jedoch vielfach bezweifelt wird. Arbeo wird als möglicher Verfasser der Vita gesehen.

Ebenso ist die Herkunft der beiden Heiligen umstritten. Die Namen Marinus und Anianus sprechen weniger für eine irische als für eine romanische Abstammung aus dem Frankenreich. So könnte aufgrund von Namensvergleichen Marinus aus Lérins stammen, Anianus aus Orléans. Diese These stützt zudem ihre Ansiedlung am Irschenberg, dessen Name sich vom romanischen Eigennamen »Urso« ableitet, der also romanisches Siedlungsgebiet war.

So wenig man – im historischen Sinn – Sicheres über das Leben und Wirken der Heiligen weiß, umso beeindruckender ist die Geschichte ihrer langen Verehrung. Das Fest des Bischofs Marinus ist bereits im Sakramentar Kaiser Heinrichs II. (1002 – 1024) belegt. In einer Urkunde aus dem 12. Jahrhundert werden neben dem hl. Petrus Marinus und Anianus als Patrone des Klosters Rott am Inn aufgeführt, im 13. Jahrhundert wird der Kult im Necrologium Tegernseense festgehalten. Anstelle einer früheren Kapelle in Alb, dem Aufenthaltsort des Anianus, weihte am 30. Oktober 1373 der Freisinger Weihbischof Dietrich eine Kapelle zu Ehren des Anianus ein. In Wilparting, wo Marinus gelebt hatte, wurde durch das Kloster Rott am Inn Ende des 15. Jahrhunderts anstelle des frühmittelalterlichen Tuffplattengrabes ein neues Hochgrab mit einem Marmorrelief der Heiligen errichtet. Die Grabinschrift besagt, dass die Heiligen in das Kloster überführt worden seien. Hier wurde fortan ihr Kult gepflegt, wogegen er in Wilparting zurückging. Nachdem 1672 aber in Wilparting die Kirchenglocken ohne menschliches Zutun wunderbar geläutet hatten, lebte die Verehrung von Marinus und Anianus am Irschenberg wieder auf, Wunder und Gebetserhörungen wurden bezeugt, die Wallfahrt am 15. November fand starken Zuspruch in der Bevölkerung. Es sollte nun endgültig geklärt werden, wo sich die Reliquien der Heiligen befinden, die sowohl Wilparting als auch Rott für sich beanspruchten. In den Jahren 1723 und 1776 wurde das Hochgrab geöffnet und verschiedene Untersuchungen der Freisinger Bistumsleitung bestätigten im 18. Jahrhundert wiederholt die Echtheit der in Wilparting gefundenen Reliquien, ebenso 1933 und 1938. Seit dem 17. Jahrhundert strömten zahlreiche Pilger nach Wilparting und Alb. Die Mirakelbücher und Votivtafeln sind Ausdruck der Kraft und Hilfe, die die Pilger an den Gräbern der Heiligen erfahren haben.

**Trotz der Problematik** der hagiographischen Quellen legt die über Jahrhunderte weitergetragene Verehrung der Heiligen durch die Gläubigen bis zum heutigen Tag Zeugnis von ihrer Bedeutung ab und verweist in die früheste Zeit des bayerischen Christentums.

*Susanne Kornacker*

Literatur
Bavaria Sancta III 21-32 (Karl Hausberger)

Heiligkeit ist eure Zier
in des Himmel Höhen;
Gottes Herrlichkeit dürft ihr
unverhüllt nun sehen.
Sankt Marinus, Gottesmann,
und auch du, Sankt Anian,
bittet für uns Sünder!

Bischof warst du, treuer Hirt,
uns von Gott gegeben,
der zum Heil die Seinen führt,
weist uns Licht und Leben.
Heb auch heute deinen Stab,
halte alles Böse ab,
heiliger Marinus!

Diakon, dem Gottes Dienst
an uns aufgetragen,
Menschen du dem Herrn gewinnst
einst in fernen Tagen.
Künd auch heute Gottes Wort,
das uns froh mach immerfort,
heiliger Anianus!

Christen sind wir in der Welt,
Pilger durch die Zeiten,
Hoffnung uns am Leben hält,
trägt durch Traurigkeiten.
Geht auch heute uns voran,
tut, was einstens ihr getan:
Schenkt uns euren Glauben!

Marinus- und Anianuslied; Text: Josef Steiner, 1993;
Melodie: Gotteslob 268

# Hl. Korbinian

## Bischof in Freising, Glaubensbote, Hauptpatron der Erzdiözese München und Freising

### *20. November*

Korbinian stammte aus der Gegend von Arpajon bei Paris. Seine Mutter hieß Korbiniana, sein Vater, der schon vor seiner Geburt (um 680) starb, Waltekis. Korbinian hatte einen Halbbruder mit Namen Ermbert.

**Als junger, begüterter** Mann kaufte er die halbverfallene Germanuskirche am Ortsrand von Arpajon samt Landsitz und zog sich dorthin mit einigen Dienern als Asket in die Einsamkeit zurück. Eines Nachts war er in heiligem Schweigen und Gebet versunken, als er hörte, wie mit einem lauten Knall der gärende Wein den Pfropfen aus einem Fass getrieben hat. Korbinian erlaubte seinem Diener Ansericus erst am Morgen, im Vorratsraum nachzusehen, um das Schweigen der Nacht nicht zu brechen. Der Diener jedoch fand das offene Fass noch voll. Ein andermal stahl ein Dieb das Maultier Korbinians. Weil er aber nicht mehr von ihm absteigen konnte, brachte er es schließlich selbst zurück. Die Kunde von dem Wundertäter breitete sich rasch aus. Immer mehr Menschen besuchten ihn in seiner Einsiedelei. Sogar der mächtige fränkische Hausmeier Pippin beschenkte ihn mit kostbaren Gewändern, über die er sich freute.

**Vierzehn Jahre verbrachte** Korbinian bei der Germanuskirche, dann zog er nach Rom. Er besuchte das Petrusgrab und Papst Gregor II. (715 – 731), von dem er einen Platz für ein stilles Kloster kaufen wollte. Der Papst jedoch weihte Korbinian zum Bischof und schickte ihn mit missionarischem Auftrag zurück. Unterwegs rettete er dem verurteilten Räuber Adalbert auf wunderbare Weise das Leben und bekehrte ihn. Weitere sieben Jahre lebte Korbinian in seiner Einsiedelei bei Arpajon, belagert von vielen Besuchern. Da beschloss er, ein zweites Mal nach Rom zu reisen. Er wollte beim Papst die Erlaubnis für ein Leben in Zurückgezogenheit erwirken.

**Er wanderte aber** nicht direkt nach Süden, sondern zog zuerst durch das Gebiet der

*Tafelbild des Meisters der Pollinger Tafeln, um 1455*

## Brauchtum und Verehrung

Der hl. Korbinian wird seit der Überführung seiner Reliquien in Freising verehrt. Er ist (neben Maria und Sigismund) Patron der Freisinger Domkirche und der erste Diözesanpatron der Erzdiözese München und Freising. Zentrale Feier ist das jährliche Korbiniansfest, das am Sonntag vor dem Korbinianstag mit der Diözesanwallfahrt der Jugend beginnt und am Samstag nach dem Hochfest des Diözesanpatrons mit der Diözesanwallfahrt und nachmittags mit einer Reliquienprozession mit Kindersegnung im Kreuzgang durch den Erzbischof begangen wird.

## Darstellung, Attribute, Patronate

Der hl. Korbinian wird als Bischof dargestellt, seit der Mitte des 15. Jahrhunderts mit einem Bären zu Füßen.

Alemannen nach Osten. In Regensburg wollte ihn der baierische Herzog Theodo zum Bleiben bewegen. Korbinian jedoch, reichlich beschenkt, ließ sich von seinem Vorsatz – nach Rom zu gehen – nicht abbringen, auch nicht vom Herzogssohn Grimoald, den er in Freising antraf. Herzog Theodo war 715/716 persönlich in Rom, um mit Papst Gregor II. den Plan der Errichtung einer Landeskirche mit je einem Bischofssitz an den Herzogsorten Regensburg, Freising, Passau und Salzburg zu besprechen. Der Papst hatte am 15. Mai 716 eine entsprechende Weisung zur Errichtung der Landeskirche in Bayern ausgestellt. Drei Geistliche aus Rom kamen in der Tat mit diesem Auftrag nach Bayern. Warum es aber dann doch nicht zur Ausführung gekommen ist, darüber lassen sich nur noch Spekulationen anstellen. Es sollte noch zwanzig Jahre dauern, bis schließlich Bonifatius diesen Plan verwirklichte. So war Herzog Theodo weiterhin auf fränkische Wanderbischöfe angewiesen. In Regensburg wirkten Emmeram und Erhard, in Salzburg Rupert.

**Acht Tage blieb** Korbinian am langobardischen Königshof in Pavia, dann zog er weiter. Als der Koch an einem Freitag kein Essen vorbereitet hatte, versorgte ein Adler die Reisegruppe mit einer Fischmahlzeit. Ein andermal geriet der Bischof in eine handfeste Auseinandersetzung mit Fischern, weil diese dem Ansericus einen Fang streitig gemacht hatten. Er ließ die Fischer zur Strafe auspeitschen. Während einer nächtlichen Rast, so erzählt eine spätere Fassung der Vita, riss ein Bär das Lasttier. Korbinian befahl seinem Diener, dem Bären als Strafe das Gepäck aufzuladen. Fortan musste der Bär die Last des Pferdes tragen. In Rom lehnte der Papst wiederum den Wunsch Korbinians nach einem zurückgezogenen Leben in einem Kloster ab und sandte ihn abermals nach Gallien. In Mais bei Meran erwarteten ihn jedoch bereits Soldaten des Grimoald. Sie hatten den Auftrag, ihn notfalls mit Gewalt nach Freising zu geleiten. Korbinian fügte sich, erschien aber erst am Herzoghof, nachdem Grimoald seine unrechtmäßige Ehe mit seiner Schwägerin Piltrud gelöst hatte.

**Korbinian wirkte ab** etwa 723 als erster Bischof in Freising am Hof des Herzogs. Mit seiner Mönchsgemeinschaft verrichtete er in der Marienkirche auf der Burg (auf dem heutigen Domberg) und im Stephanusheiligtum auf dem gegenüberliegenden Weihenstephaner Berg, wo er ein kleines Kloster errichtete, das Chorgebet. Der Bischof verschaffte den kirchlichen Vorstellungen Geltung, trat gegen eine Zauberin auf und wies selbst den Herzog zurecht, indem er den Tisch umstieß, als Grimoald seinen Hunden gesegnetes Brot zuwarf. Als er von einem geplanten Mordanschlag der Piltrud gegen ihn hörte, floh er mit seinen Mönchen nach Kuens in Südtirol, wo er bereits seit einiger Zeit eine von ihm gegründete klösterliche Niederlassung besaß. Hier war wohl auch sein Wunsch gereift, auf der nahen Zenoburg neben dem hl. Valentin einst bestattet zu werden. Nachdem Grimoald bei einem Mordanschlag ums Leben kam, und Piltrud das Land verlassen musste, kehrte Korbinian nach Freising zurück. Der neue Herzog Hugibert empfing ihn freundlich. Der Bischof wirkte mit seinen Mönchen von seinem Wohnsitz in der Herzogspfalz aus auf dem Domberg. Bald überfielen ihn Todesahnungen. Korbinian starb um 729/730. Gemäß seinem Wunsch wurde sein Leichnam nach Mais überführt und neben dem hl. Valentin beigesetzt.

**Im Jahr 768** wurden die Reliquien unter Herzog Tassilo auf Veranlassung des Bischofs Arbeo (764–783) nach Freising gebracht. Derselbe Arbeo schrieb den Lebenslauf des hl. Korbinian in seiner »Vita Corbiniani« auf.

*Peter Pfister*

Literatur

Hubert Glaser / Franz Brunhölzl / Sigmund Benker, Vita Corbiniani. Bischof Arbeo von Freising und die Lebensgeschichte des heiligen Korbinian (30. Sammelblatt des Historischen Vereins Freising), München 1983

Peter Pfister (Hg.), Ein Segen für das Land. Der heilige Korbinian Bischof in Freising, München 1999

Deiner hohen Herrlichkeit
lass den Preis uns singen,
großer Bischof Sankt Korbinian!
Sieh, das Land, das dir geweiht,
überströmt in Freuden heut:
Nimm sein Loblied an!

Sei uns hilfreich zugewandt
und erhalt uns in der Liebe,
guter Vater Sankt Korbinian!
Knüpfe neu der Einheit Band,
bitt um Frieden für das Land,
heiliger Gottesmann!

Korbinianslied, Str. 1 + 4; Text: Maria-Luise Thurmair, 1950/73; Gotteslob 860

# Hl. Sturmius
## Gründerabt von Fulda

### 16. Dezember

Der Bajuware Sturmius dürfte um 704 im heutigen Oberösterreich geboren worden sein. Er war erster deutscher Begleiter des Angelsachsen Winfrid Bonifatius († 754) und erster Abt des Klosters Fulda. Er starb 779 und wurde 1139 heilig gesprochen. Sein Grab ist im Dom zu Fulda.

**Die Heimat des** Sturmius war bereits um 700 weitgehend christianisiert. Dennoch besuchte Bonifatius des öfteren auch diese Gegend, um das Christentum bei den Herrschenden zu festigen. Insbesondere pflegte er Kontakte zu adeligen Grundbesitzern, deren Schenkungen die materiellen Voraussetzungen für die Erbauung von Klöstern und Kirchen schufen. Auch Sturmius gehörte zu einer dieser Familien und lernte so Bonifatius kennen: Dies überliefert Eigil († 822), ein Verwandter von Sturmius, ungewöhnlich nüchtern und sachlich. Danach zogen Bonifatius und Sturmius Richtung Mainfranken. Im nordhessischen Kloster Fritzlar erhielt Sturmius eine gediegene Ausbildung nach dem Vorbild der angelsächsischen Klöster in England. Dies bedeutete ein intensives Studium der heiligen Schriften, insbesondere des Psalters, der Evangelien und der Kirchenväter. Sturmius wurde einige Jahre später zum Priester geweiht.

**Das Kloster Fritzlar,** Sturmius' Ausbildungsstätte, entstand in der Nähe jenes Orts, an dem Winfrid Bonifatius der Legende nach eine Eiche fällte, die dem germanischen Gott Donar geweiht war. Weil der Baum sofort in vier Teile zersprang, deutete Bonifatius das als göttliches Zeichen und errichtete mit dem Holz zunächst eine kleine Kapelle. Hieraus entstand Kloster Fritzlar (732), seit 741 Zentrum des neu errichteten Bistums Büraburg. Diese Gründung stand in enger Verbindung mit der bayerischen und mainfränkischen Kirchenorganisation (739 bzw. 741). Neben der Förderung zahlreicher Ordensniederlassungen zur inneren Festigung der noch jungen Bistümer plante Bonifatius ein Kloster als zentralen christlichen Mittelpunkt des fränkischen Reichs. Mit der Suche nach einem geeigneten Ort hierfür beauftragte er seinen Schüler Sturmius.

*Andachtsbild, 20. Jahrhundert*

## Brauchtum und Verehrung

Sturmius wurde anlässlich der 1000. Wiederkehr seines Todes (1779) umgebettet. Dabei verteilte man die Reliquien auf vier Sarkophage und schuf in der Klosterkirche den Sturmius-Altar (Relief-Zyklus mit Szenen aus Sturmius' Leben). Die Schädel von Bonifatius und Sturmius bewahrt das Fuldaer Dommuseum.

## Darstellung, Attribute, Patronate

Dargestellt wird Sturmius als Mönch oder Abt mit Stab, Buch und/oder Kirchengrundriss. Dergestalt sieht man ihn etwa als Statue an der Außenseite des Fuldaer Doms. Sturmius ist Nebenpatron des Bistums Fulda, Winfrid Bonifatius dessen Hauptpatron. Fulda erinnert an Sturmius alljährlich am 17. Dezember mit einem Hochfest.

**Sturmius nämlich wollte** nach der neuen Bistumsgründung Fritzlar verlassen, aber keineswegs etwa aus Protest, sondern um zu prüfen, ob er sein weiteres Leben für Gott in einer Gemeinschaft von Mönchen oder besser alleine als Eremit leben sollte. Obgleich Winfrid Bonifatius den jungen Sturmius dringend für seine Missionspläne gebraucht hätte, ließ er ihn ziehen, gab jedoch die Gegend vor, in der er sich aufhalten sollte: in einer Einöde zwischen Werra, Rhön und Vogelsberg. Bald fand sich ein für die beabsichtige Klostergründung passender Platz, der 743 durch eine karolingische Schenkung an Bonifatius übertragen worden sein dürfte. Der neue Grundbesitz war zu dieser Zeit teilweise in Ruinen, teilweise völlig verwüstet. Neuere Grabungen belegen, dass hier bereits zur Merowingerzeit im 6. Jahrhundert ein Königspalast und damit ein Monument fränkischer Herrschschaft stand. Bald waren die Gebäudereste überdacht und notdürftig für einen Klosterbetrieb hergerichtet: Das Kloster Fulda war gegründet. Bonifatius besuchte es regelmäßig, um die Einhaltung der Ordensregel des hl. Benedikt zu überwachen.

**Nach einer Romreise,** auf der Sturmius Montecassino, das Kloster des hl. Benedikt, kennen lernte (747), wurde er von Bonifatius zum ersten Abt des neuen Klosters Fulda ernannt. Gleichzeitig wählte Bonifatius die Benediktinerin Lioba zur Äbtissin des nahen Frauenklosters Tauberbischofsheim, mit dem man seit jeher gute Beziehungen pflegte. In der Folgezeit wurden beide Klöster zu bedeutenden Pflanzstätten des frühen Christentums im Frankenreich. Für Fulda war eine rechtliche Sonderstellung durch das Privilieg der so genannten »Exemption« erreicht: Das Kloster unterstand nicht mehr dem Machtbereich von Bischof oder König, sondern direkt und ausschließlich dem Papst.

**Bonifatius brach 753** zu einer Missionsreise zu den Friesen in die Niederlande auf. Er wurde kurz darauf erschlagen (5. Juni 754). Sturmius gelang es trotz Widerständen, Bonifatius' Leichnam für das Kloster Fulda zu beanspruchen – gemäß dem Willen des Ermordeten. Seine letzte Ruhestätte fand Winfrid Bonifatius im Dom zu Fulda. Nach Zeiten von Verleumdung, Missachtung der Exemption und Verbannung wurde Sturmius als Abt rehabilitiert (765) und das Kloster unter königlichen Schutz gestellt. Danach nahm Sturmius an einem Missionszug gegen die Sachsen teil (772), den Karl der Große (747 – 814) leitete. Am 17. Dezember 779 starb Abt Sturmius in seinem Kloster. Hier setzte man ihn in der Salvatorkirche bei. Der bald beginnenden weit über Fulda hinausreichenden Verehrung des Sturmius folgte 1139 die Heiligsprechung.

*Christiane Schwarz*

Literatur

Bavaria Sancta III 33 – 47 (Andreas Bauch)
Stefan Schipperges, Bonifatius ac socii eius. Eine sozialgeschichtliche Untersuchung des Winfrid-Bonifatius und seines Umfeldes (Quellen und Abhandlungen zur mittelrheinischen Kirchengeschichte 79), Mainz 1996, 142 – 146
Maria-Elisabeth Brunert, Fulda als Kloster *in eremo*. Zentrale Quellen über die Gründung im Spiegel der hagiographischen Tradition, in: Gangolf Schrimpf (Hg.), Kloster Fulda in der Welt der Karolinger und Ottonen (Fuldaer Studien 7), Frankfurt am Main 1996, 59 – 78

Sankt Sturmius, den wir ehren,
du Sproß aus edlem Stamm,
der aufbrach, Gott zu hören,
als er den Ruf vernahm.
Dein Herz hat treu umfangen,
was Jesus sprach und tat;
du bist ihm nachgegangen
als Mönch, nach seinem Rat.

Gott hieß ein Haus dich bauen
als unsres Landes Stern,
in dessen Licht wir schauen
die Heilstat unsres Herrn.
Ein Kloster sollt es werden
Das reiche Frucht bring ein:
es füllt sich mit Gefährten.
Die sich, wie du, Gott weihn.

Sankt Sturmius, Abt und Vater
du hast der Mönche Schar
als Hirte und Berater
geleitet treu und klar.
Den Glauben zu verkünden,
hast du sie ausgesandt:
das Dunkel mußte schwinden
und Licht ging auf im Land.

Sei uns in diesen Zeiten,
Sankt Sturmius, beigesellt,
den Glauben auszubreiten
in einer wirren Welt.
Bitt Gott, daß er uns lenke
in Not und Dunkelheit
und uns sein Leben schenke
jetzt und in Ewigkeit.

Lied zum hl. Sturmius; Text: Maria-Luise Thurmair, 1980; Melodie: Gotteslob 468

*Todesangst-Christi-Kapelle auf dem Gelände des ehemaligen Konzentrationslagers Dachau, geweiht am 5. August 1960*

# Blutzeugen des Erzbistums München und Freising

*Peter Pfister*

Das römische Kolosseum gilt als Stätte der frühchristlichen Märtyrer. Am Sonntag, 9. Mai 2000, wurde die noch gut erhaltene antike Kampfarena im Zentrum der Ewigen Stadt zu einer Gedenkstätte der modernen Blutzeugen. »Die Märtyrer sind in unserem Jahrhundert zurückgekehrt«, betonte Papst Johannes Paul II. immer wieder. Wie sehr dieses Martyrium greifbar ist, zeigten die vielen Zeitzeugen, die zu der abendlichen Zeremonie angereist waren.

**Knapp zwei Monate** nach dem historischen »Mea culpa«, der Vergebungsbitte für Fehler von Christen und Kirche in der Vergangenheit, gedachte Papst Johannes Paul II. der über 12.000 Christen, die aus Glaubenstreue in Gulags, Konzentrationslagern oder als Missionare ihr Leben für den Glauben geopfert haben. Bat das Kirchenoberhaupt zunächst um Verzeihung für Fehler der Kirchen, so war es nun Zeit, Verzeihung zu gewähren für die Verbrechen an mutigen Christen. Ging es damals um die »Reinigung des Gewissens«, war es jetzt die »Bereicherung des Gewissens«. An der Gedenkfeier vor dem antiken Rundbau des Kolosseums nahmen hochrangige Delegationen vieler christlicher Kirchen teil. Ein großes blutrotes Tuch mit dem Bild einer bulgarischen Christusikone überspannte das Podium, auf dem der Papst, eingerahmt von anderen Kirchenführern Platz nahm. Orthodoxe Metropoliten, Anglikaner, Armenische und Koptische Würdenträger und Vertreter des Lutherischen Weltbundes wirkten bei der Feier mit, Chöre aus aller Welt sorgten für den musikalischen Rahmen. Es nahmen Tausende von Menschen an der Feier teil.

**Papst Johannes Paul II.** ehrte die Märtyrer des 20. Jahrhunderts mit einer Ansprache unter dem Thema »Glauben mit heldenhaften Leiden bezeugt«. Dabei führte er unter anderem aus: »Die Erfahrung der Märtyrer und Glaubenszeugen ist nicht nur ein Kennzeichen der Kirche des Anfangs. Diese Erfahrung kennt die Kirche in jeder Epoche. Im 20. Jahrhundert vielleicht noch mehr als in der ersten Zeit des Christentums gab es sehr viele, die den Glauben mit oft heldenhaftem Leiden bezeugt haben. Wie viele Christen auf allen Kontinenten haben im Lauf dieses Jahrhunderts ihre Liebe zu Christus auch dadurch bezahlt, dass sie ihr Blut vergossen haben! Alte und neue Formen der Verfolgung nahmen sie auf sich, sie wurden gehasst und ausgeschlossen, gefoltert und getötet. Viele Länder mit alter christlicher Tradition sind wieder zu Gegenden geworden, in denen die Treue zum Evangelium einen sehr hohen Preis kostet. Das Zeugnis für Christus bis hin zum Blutvergießen ist zum gemeinsamen Erbe von Katholiken, Orthodoxen, Anglikanern und Protestanten geworden ... Die Generation, der ich angehöre, hat den Schrecken des Krieges, die Konzentrationslager und die Verfolgung kennen gelernt. In meiner Heimat wurden während des Zweiten Weltkrieges Priester und Christen in Vernichtungslager deponiert. Allein in Dachau waren etwa 3.000 Priester interniert. Ihr Opfer vereinte sich mit dem Opfer vieler Christen, die aus anderen europäischen Ländern kamen und mitunter anderen Kirchen und kirchlichen Gemeinschaften angehörten. Ich selbst bin in meiner Jugendzeit Zeuge für großen Schmerz und viele Prüfungen geworden. Von Anfang an war mein Priestertum einbezogen in das große Opfer so vieler Männer und Frauen meiner Generation ... Die Erfahrung des Zweiten Weltkrieges und der darauf folgenden Jahre hat mich dazu geführt, mit dankbarer Aufmerksamkeit das leuchtende Beispiel all jener zu betrachten, die seit den ersten Jahren des 20. Jahrhunderts bis zu seinem Ausgang Verfolgung, Gewalt und Tod auf sich nahmen um ihres Glaubenswillen und wegen ihres Verhaltens, das von der Wahrheit Christi beseelt war.«

**Eindringlich strich Johannes** Paul II. den ökumenischen Charakter des Gedenkens an die Glaubenszeugen heraus. Das Zeugnis für Christus bis zum Blutvergießen sei zum »gemeinsamen Erbe von Katholiken, Orthodoxen, Anglikanern und Protestanten« geworden. Dieses Erbe sei stärker als die »Faktoren der Trennung«. Und um den Verdacht einer katholischen Vereinnahmung zu entgehen, verzichtete der Vatikan weitgehend auf den Begriff Märtyrer und sprach von Glaubenszeugen.

**Das Erzbistum München** und Freising hatte seiner Blutzeugen bereits besonders gedacht. Am 3. November 1999 ehrte Erzbischof Friedrich Kardinal Wetter bei einem Gottesdienst in der Münchener Bürgersaalkirche die zwanzig Blutzeugen aus der Erzdiözese während der Zeit der nationalsozialistischen Herrschaft feierlich und würdigte bei einer vorausgehenden Pressekonferenz deren Leben. In den Jahren zwischen 1933 und 1945 wurden drei Priester und 17 Laien aus der Erzdiözese Opfer der nationalsozialistischen Gewaltherrschaft. Die Biografien dieser bisher teilweise unbekannten Märtyrer waren in den vorausgehenden Jahren sorgfältig recherchiert und für das im Auftrag der Deutschen Bischofskonferenz für alle deutschen Bistümer erarbeitete deutsche Martyrologium von Professor Dr. Georg Schwaiger und Dr. Peter Pfister, dem Diözesanbeauftragten für das Martyrologium, zusammengestellt worden. Sie unterzogen sich, zusammen mit weiteren Autoren unter Leitung des Beauftragten der Deutschen Bischofskonferenz, Prälat Dr. Helmut Moll, der Recherchen und dem Schreiben der einzelnen Texte.

**Seit den Anfängen** der nationalsozialistischen Machtübernahme gab es auch im Erzbistum München und Freising sowohl Formen des Mitläufertums, der Anpassung und Unentschlossenheit, aber auch Resistenz, Opposition und letztlich aktiven Widerstand. Es waren sicherlich keine Massenzusammenkünfte, wenn sich im Widerstand vereinte Personen zusammentaten. Es waren nur wenige und einzelne Gruppierungen aus verschiedenen Lagern, die sich trafen, um sich dem totalitären Zugriff des NS-Regimes zu entziehen. Die Motive solcher Gruppierungen waren unterschiedlich. Häufig sind es Kleingruppen oder auch einzelne, die ihren Protest mehr oder weniger schnell mit dem eigenen Blut zu bezahlen hatten. Zu diesen sogenannten »Blutzeugen« der Nationalsozialistischen Herrschaft gehören aus dem Erzbistum München und Freising die folgenden Priester und Laien. Es sind hier die 20 Personen aufgeführt, bei denen ein Zusammenhang zwischen ihrer christlichen Überzeugung und dem darauf begründeten Widerstand und ihrer Hinrichtung nachweisbar ist. Eine letzte Verbindlichkeit der Zahl wird sich nie feststellen lassen.

**Wer diese 20** Personen näher betrachtet, erkennt, dass sich trotz vorhandener Gemeinsamkeiten auch große Unterschiede auftun. Bereits aus ihrem Geburtsort wird klar, dass sie allen Regionen der Erzdiözese und darüber hinaus entstammen. Drei Priestern stehen 17 Laien gegenüber. Die Laien gehören wiederum den unterschiedlichsten Berufsgruppen an. Vier von ihnen sind Adelige. Von Bedeutung ist der Wirkungskreis der einzelnen: Der Anlernschaltmechaniker Walter Klingenbeck ist in der Jungschar der Münchener Stadtpfarrei St. Ludwig großgeworden, während Oberst Rudolf Graf von Marogna-Redwitz nebenamtlicher Kirchenmusiker in der Pfarrei Hittenkirchen war. Ministerialrat Hans Quecke und Gutsbesitzer Harald Dohrn waren nicht nur verwandtschaftlich verbunden, sondern auch beide aktive Mitglieder in der Pfarrei Bad Wiessee. Franz Wipplinger hatte engen Kontakt vor allem in schriftlicher Form mit seinem Regens im Priesterseminar in Freising. Der Landwirt Wolfgang Meier handelte aus tiefster religiöser Überzeugung, als er den Jesuitenprovinzial Augustin Rösch aufgenommen hatte.

### Literatur

Blutzeugen der Erzdiözese München und Freising. Die Märtyrer des Erzbistums München und Freising in der Zeit des Nationalsozialismus, hg. von Peter Pfister, Regensburg 1999

Zeugen für Christus. Das deutsche Martyrologium des 20. Jahrhunderts, hg. von Helmut Moll im Auftrag der Deutschen Bischofskonferenz, I-II, Paderborn u.a. [3]2001

## Pfarrer Josef Grimm

Priester des Erzbistums München und Freising, Pfarrer von Götting bei Bad Aibling. Er wurde am 13. Januar 1900 in Deisenried, Pfarrei Elbach, geboren. Beim Einmarsch der amerikanischen Besatzungstruppen hängte er vorzeitig die bayerische Fahne zur Rettung seines Pfarrdorfes Götting am Kirchturm aus. Deswegen wurde er von drei SS-Soldaten noch am selben Tag, dem 28. April 1945, im Wald bei Götting ermordet.

## Kaplan Dr. phil. Hermann Joseph Wehrle

Kaplan in München-Bogenhausen. Er wurde am 26. Juli 1899 in Nürnberg geboren. Als Opfer geistlicher Pflichterfüllung in Ausübung der Seelsorge wurde er, der unter dem Beichtsiegel von Attentatsplänen auf Hitler erfahren hatte, vom Volksgerichtshof zum Tode verurteilt und am 14. September 1944 in Berlin-Plötzensee durch den Strang hingerichtet.

## Pater Dr. phil. Alfred Delp SJ, Jesuit

Geboren am 15. September 1907 in Mannheim. Als Mitglied der Widerstandsgruppe »Kreisauer Kreis« wurde er wegen Hoch- und Landesverrat und wegen Wehrkraftzersetzung zum Tode verurteilt und am 2. Februar 1945 in der Haftanstalt Berlin-Plötzensee gehenkt.

## Harald Dohrn

Gutsbesitzer, geboren am 17. April 1885 in Neapel, wegen positiver Äußerungen über die »Freiheitsaktion Bayern« hingerichtet am 29. April 1945 zusammen mit Ministerialrat Hans Quecke, seinem Schwager, durch Erschießung im Perlacher Forst.

## Dr. phil. Fritz Gerlich

Archivar, Historiker und Journalist, geboren am 15. Februar 1883 in Stettin, trat 1931 zur katholischen Kirche über. Er war scharfer Gegner der NS-Ideologie im unerschrockenen Eintreten für Menschenrechte und christliche Grundsätze. Am 1. Juli 1934 wurde er im KZ Dachau ermordet.

## Annemarie Goldschmidt

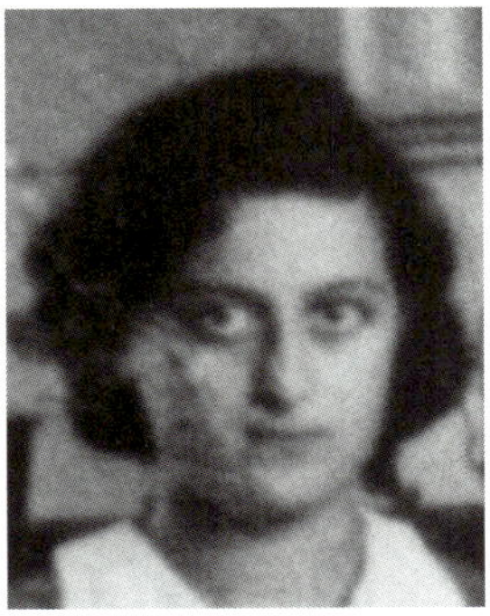

Hausmädchen, getaufte Jüdin, geboren am 31. Januar 1922 in München, ermordet am 9. August 1942 im KZ Auschwitz.

## Elfriede Goldschmidt

Hausmädchen, getaufte Jüdin, geboren am 4. August 1923 in München, ermordet am 9. August 1942 im KZ Auschwitz.

## Willi Graf

Medizinstudent, Mitglied der katholischen Jugendgruppe »Neu Deutschland«, geboren am 2. Februar 1918 in Euskirchen-Kuchenheim bei Bonn. Als Mitglied der Widerstandsgruppe »Weiße Rose« wurde er am 12. Oktober 1943 im Gefängnis München-Stadelheim durch das Fallbeil hingerichtet.

## Dr. jur. Adolf Freiherr von Harnier

Rechtsanwalt, geboren am 14. April 1903 in München, war seit 1923 scharfer Gegner der NS-Ideologie. Er trat 1934 zur katholischen Kirche über. Tätig war er als unerschrockener Verteidiger von angeklagten Geistlichen und Helfern verfolgter Juden. 1939 wurde er als Mitglied einer Widerstandsgruppe verhaftet und 1944 vom Volkgerichtshof zu 10 Jahren Zuchthaus verurteilt. Am 12. Mai 1945 verstarb er vor seiner Entlassung an Hungertyphus und allgemeiner Entkräftung im Zuchthaus Straubing.

## Dr. phil. Kurt Huber

Universitätsprofessor in München, Musikwissenschaftler und Philosoph, geboren am 26. Oktober 1893 in Chur (Schweiz). Er war Freund und Mentor der studentischen Widerstandsgruppe »Weiße Rose«. Dies war der Grund, weshalb er am 13. Juli 1943 im Gefängnis München-Stadelheim durch das Fallbeil hingerichtet wurde.

## Walter Klingenbeck

Anlernschaltmechaniker, geboren am 30. März 1924 in München, war Mitglied in der katholischen Jugendbewegung München. Er gehörte zur Katholischen Jungschar der Pfarrei München-St. Ludwig. Mit drei anderen katholischen Jugendlichen (Daniel von Recklinghausen, Hans Haberl und Erwin Eitel) war er entschiedener Kämpfer gegen das NS-Regime. Wegen Führung dieser Gruppe wurde er am 5. August 1943 durch das Fallbeil in München-Stadelheim hingerichtet.

## Friedrich Ritter von Lama

Schriftsteller und Journalist, geboren am 4. September 1876 in Salzburg, war politisch tätig und trat für die »katholische Sache« ein. Seine Veröffentlichungen machten ihn beim NS-Regime verhasst, ebenso das Treueverhältnis seiner Familie zum österreichischen Kaiserhaus. Schon 1937 wurde ihm jede schriftstellerische Tätigkeit verboten. 1944 wurde er verhaftet und nach München-Stadelheim gebracht. Dort starb er am 9. Februar 1944 angeblich an Herzversagen. Eine Ärztin, die dort Zugang hatte, erklärte den Angehörigen jedoch, er sei ermordet worden.

## Ludwig Freiherr von Leonrod

Major, geboren am 17. September 1906 in München. Er wurde als Mitwisser des Attentats auf Adolf Hitler vom 20. Juli 1944 am 21. August zum Tode durch den Strang verurteilt und am 26. August 1944 in Berlin-Plötzensee hingerichtet.

## Rudolf Graf von Marogna-Redwitz

Geboren am 15. Oktober 1886 in München, wurde als Mitwisser des Attentats vom 20. Juli 1944, am 12. Oktober 1944 in Berlin-Plötzensee hingerichtet.

## Wolfgang Meier

Bauer aus Hofgiebing, Pfarrei Oberornau, geboren am 8. November 1878, wurde am 11. Januar 1945 mit zwei Söhnen und einer Tochter von der Gestapo verhaftet, weil er den von der Gestapo steckbrieflich gesuchten Jesuitenprovinzial P. Augustin Rösch fast fünf Monate in seinem Haus versteckt hatte. Meier verstarb am 22. Februar 1945 im KZ Dachau an Typhus.

## Christoph Probst

Medizinstudent, geboren am 6. November 1919 in Murnau, war konfessionslos aufgewachsen, beschäftigte sich aber zunehmend mit philosophischen und religiösen Fragen. Als Mitglied der Widerstandsgruppe »Weiße Rose« wurde er am 22. Februar 1943 vom Volksgerichtshof zum Tode verurteilt. Am gleichen Tag noch wurde er auf seine Bitte hin in der Zelle katholisch getauft, mit der Hl. Kommunion gestärkt, ehe er im Gefängnis München-Stadelheim durch das Fallbeil hingerichtet wurde.

## Hans Quecke

Ministerialrat, geboren am 3. April 1901 in Gelsenkirchen, wurde zusammen mit seinem Schwager Harald Dohrn als Sympathisant der Freiheitsaktion Bayern durch Erschießen im Perlacher Forst am 29. April 1945 hingerichtet.

## Franz Sperr

Der letzte bayerische Gesandte in Berlin, geboren am 12. Februar 1878, war scharfer Gegner Adolf Hitlers und seiner Ideologie. In München-Bogenhausen war er Mittelpunkt einer aus christlichen und rechtlichen Grundsätzen heraus entstandenen lockeren Widerstandsgruppe, die die Neugestaltung Deutschlands vorbereitete. Er hatte Verbindung zum »Kreisauer Kreis«. Am 11. Januar 1945 wurde er vom Volksgerichtshof zum Tod durch den Strang verurteilt und am 23. Januar in Berlin hingerichtet.

## Franz Wipplinger

Priesteramtskandidat der Erzdiözese München und Freising, geboren am 10. Januar 1915 in München, war von seinem Theologiestudium weg zur Wehrmacht einberufen worden. Er erlitt im Krieg eine schwere Verwundung. Aufgrund von Tagebucheintragungen, die von tiefgehender Ablehnung der Politik des Hitlerregimes zeugen, wurde er am 31. August 1944 wegen Zersetzung der Wehrkraft zum Tode verurteilt und am 24. Oktober 1944 in Berlin-Spandau hingerichtet.

## Josef Zott

Städtischer Bauaufseher, geboren am 16. März 1901 in München, war zusammen mit Adolf Freiherr von Harnier Gründer einer monarchistischen Widerstandsgruppe in München, die bewusst auf christlich-katholischer Grundlage aufbaute und zugleich stark sozial ausgerichtet war. Zott wurde am 26. Oktober 1944 verurteilt und am 16. Januar 1945 im Gefängnis Berlin-Brandenburg-Gören hingerichtet.

# Patrozinien der Heiligen und Seligen

*Roland Götz*

Die nachfolgenden Karten und Listen wollen die Verehrung der in diesem Buch versammelten Heiligen und Seligen veranschaulichen, soweit es Patrozinien von Kirchen und Kapellen betrifft, die ihnen im Bereich des Erzbistums München und Freising geweiht sind. So kann zumindest deren Häufigkeit und regionale Verteilung deutlich werden. Überdies können die Karten als Anregung dienen, die einem bestimmten Heiligen oder Seligen gewidmeten Andachtsstätten einmal aufzusuchen.

**In den Listen** ist zu jeder Kirche oder Kapelle angegeben: Standort, kirchenrechtlicher Status (Pfarr-, Filial-, Nebenkirche, Kapelle), eventuelle weitere Kirchenpatrone, zuständige Pfarrei (wenn nicht Pfarrkirche). In den Karten wurde zwischen Filial- und Nebenkirchen sowie Kapellen graphisch nicht unterschieden, zum einen der Übersichtlichkeit wegen, zum anderen weil die Zuordnung nicht immer eindeutig vorzunehmen ist.

**Die Anordung der** Patrozinien folgt dem Alphabet. Die Heiligen Marinus und Anianus, deren Fest gemeinsam gefeiert wird, sind gemeinsam dargestellt, wobei nur Anianus auch allein als Patron vorkommt. Beim heiligen Kaiserpaar Heinrich II. und Kunigunde ist nur ein Heinrichs-Patrozinium nachweisbar; ebenso kommt bei Rupert und Virgil nur Rupert als Kirchenpatron vor. Keine Kirchen oder Kapellen konnten im Erzbistum aufgefunden werden, die folgenden Heiligen bzw. Seligen geweiht sind: Afra, Batho, Johannes Nepomuk Neumann, Kaspar Stanggassinger, Kunigunde, Maria Theresia von Jesu Gerhardinger, Nonnosus, Otto von Freising, Sigismund, Sturmius, Virgil. Die beiden Otto-Patrozinien in der Erzdiözese (Kiefersfelden, Nebenkirche, Pfarrei Kiefersfelden-Hl. Kreuz; Ottobrunn, Pfarrkirche) beziehen sich auf den hl. Bischof Otto von Bamberg.

**Trotz aller Bemühungen** um Richtigkeit und Vollständigkeit sind die Patrozinienlisten (und entsprechend die auf ihrer Grundlage erstellten Karten) mit einer Reihe von Unsicherheiten behaftet: Dies betrifft etwa die Unterscheidung namensgleicher Heiliger (z. B. Lantbert, Quirinus und Valentin) und die Bestimmung der kirchenrechtlichen Stellung eines Gotteshauses. Privatkapellen haben – da nicht konsekriert sondern nur benediziert – keinen förmlichen Patron. Auch bei geweihten Kirchen liegt oft keine Weiheurkunde vor, die allein letztverbindliche Auskunft geben könnte. Zudem kommen in der Geschichte Patroziniumswechsel durchaus häufig vor; frühere Kirchenpatrone können zu Nebenpatronen herabsinken oder ganz in Vergessenheit geraten. In verschiedenen Quellen können deshalb Patrozinien unterschiedlich angegeben sein.

**Dankbar benützt wurden** für die Erarbeitung der Listen die Kirchen-Datenbank der Pastoralen Planungsstelle des Erzbischöflichen Ordinariats München sowie mehrere maschinenschriftliche Patrozinienverzeichnisse, die im Verlauf des 20. Jahrhunderts von verschiedenen Dienststellen des Ordinariats zusammengestellt wurden. Überdies wurden die (gedruckten und ungedruckten) historischen Bistumsmatrikeln, die für fast das ganze Bistumsgebiet im Archiv des Erzbistums vorhandenen Pfarrbeschreibungen aus den Jahren 1817, 1936 und 1954 sowie die Kunsttopographie des Erzbistums herangezogen. An Literatur sind daneben das Werk von Josef Maß und die einschlägigen Orts- und Pfarrgeschichten zu nennen. Wo spezielle Literatur zu den Patrozinien eines Heiligen existiert, wurde diese bei den jeweiligen Listen angegeben. Nicht zuletzt haben eine Reihe von Pfarrämtern freundlich Auskunft gegeben.

**Die Arbeit am** neuen Handbuch des Erzbistums München und Freising soll künftig hinsichtlich der Patrozinien mehr Klarheit schaffen. Bearbeiter und Herausgeber sind dankbar für Ergänzungen und Korrekturen.

**Alle Karten wurden** von Felix Halbgewachs, Pastorale Planungsstelle des Erzbischöflichen Ordinariats München, erstellt.

### Literatur


Martin von Deutinger (Hg.), Die älteren Matrikeln des Bisthums Freysing I – III, München 1849 – 1850

[Martin von Deutinger,] Tabellarische Beschreibung des Bisthums Freysing nach Ordnung der Decanate, München 1820

Anton Mayer / Georg Westermayer, Statistische Beschreibung des Erzbisthums München-Freysing I – III, München-Regensburg 1874 – 1884

Josef Maß, Zeugen des Glaubens. Die Heiligen im Diözesankalender des Erzbistums München und Freising, München $^{2}$1976, 84 – 88

Peter Pfister, Leben aus dem Glauben. Das Erzbistum München und Freising. V: Wallfahrt, Volksfrömmigkeit und Heiligenverehrung, Straßburg 1992, 38 – 53

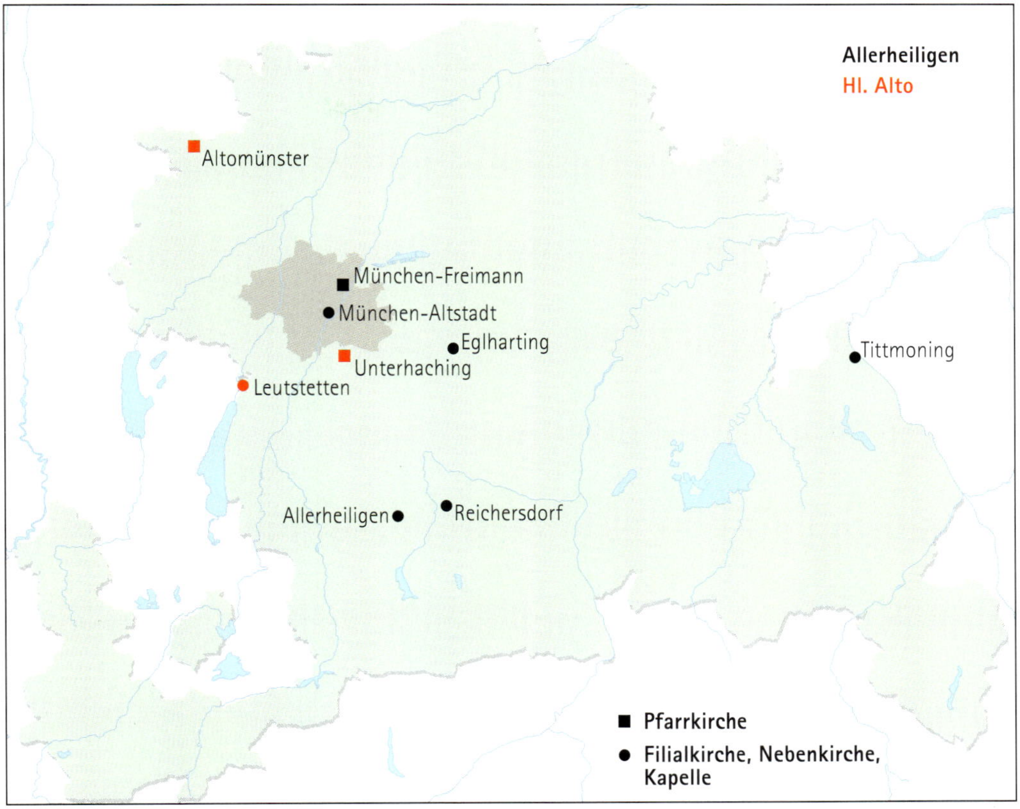


## Allerheiligen

Allerheiligen, Nebenkirche, Pfarrei Oberwarngau-St. Johann Baptist
Eglharting, Filialkirche, Pfarrei Kirchseeon-St. Joseph
München-Altstadt, Kreuzkirche, Nebenkirche, Pfarrei München-St. Peter
München-Freimann, Pfarrkirche
Reichersdorf, Kapelle, Pfarrei Neukirchen-St. Dionysius
Tittmoning, ehem. Augustinerkirche, Nebenkirche, Pfarrei Tittmoning-St. Laurentius

Die ehemalige Allerheiligen-Hofkirche der Münchener Residenz ist profaniert.

## Hl. Alto

Altomünster, Pfarrkirche
Leutstetten, Nebenkirche, Pfarrei Gauting-St. Benedikt
Unterhaching, Pfarrkirche

## Hl. Arsacius

Ilmmünster, Pfarrkirche

## Hl. Benno

München-Maxvorstadt, Pfarrkirche

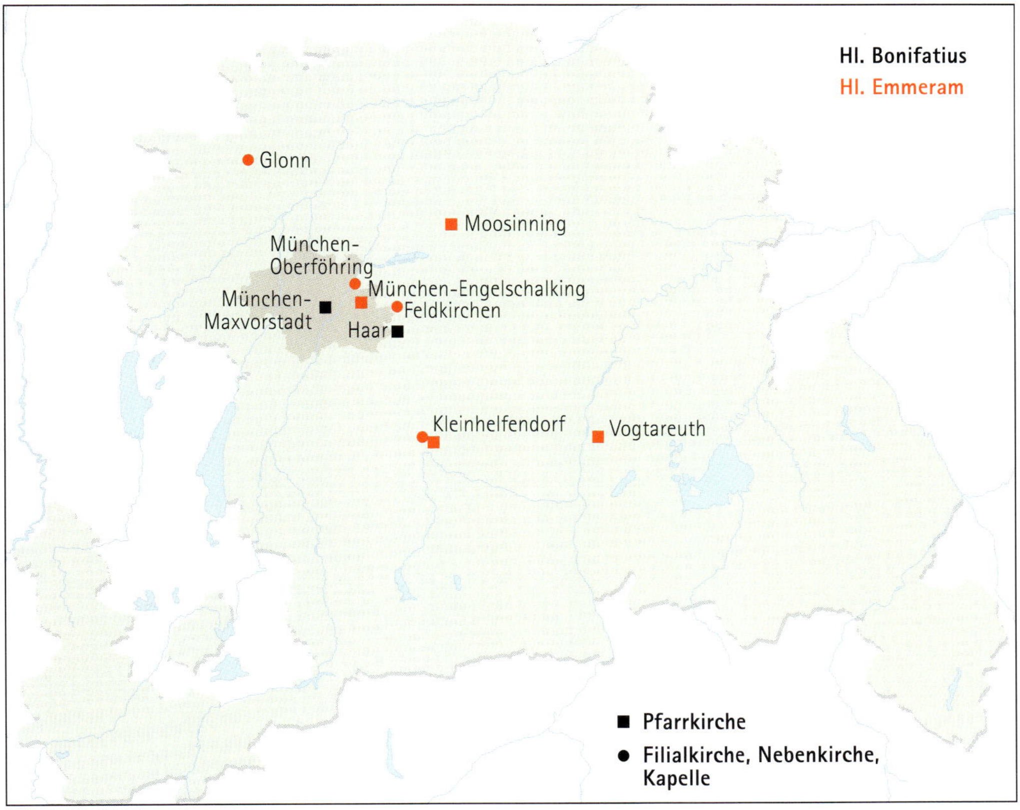


## Hl. Bonifatius

Haar, Pfarrkirche

München-Maxvorstadt, Pfarr- und Klosterkirche

## Hl. Emmeram

Feldkirchen, Kapelle, Pfarrei Aschheim-St. Peter und Paul

Glonn, Filialkirche, Pfarrei Markt Indersdorf-Mariä Himmelfahrt

Kleinhelfendorf, Pfarrkirche, Pfarrei Helfendorf-St. Emmeram

Kleinhelfendorf, Marterkapelle, Pfarrei Helfendorf-St. Emmeram

Moosinning, Pfarrkirche

München-Englschalking, Pfarrkirche

München-Oberföhring, Gedächtniskapelle, Pfarrei München-St. Lorenz

Vogtareuth, Pfarrkirche

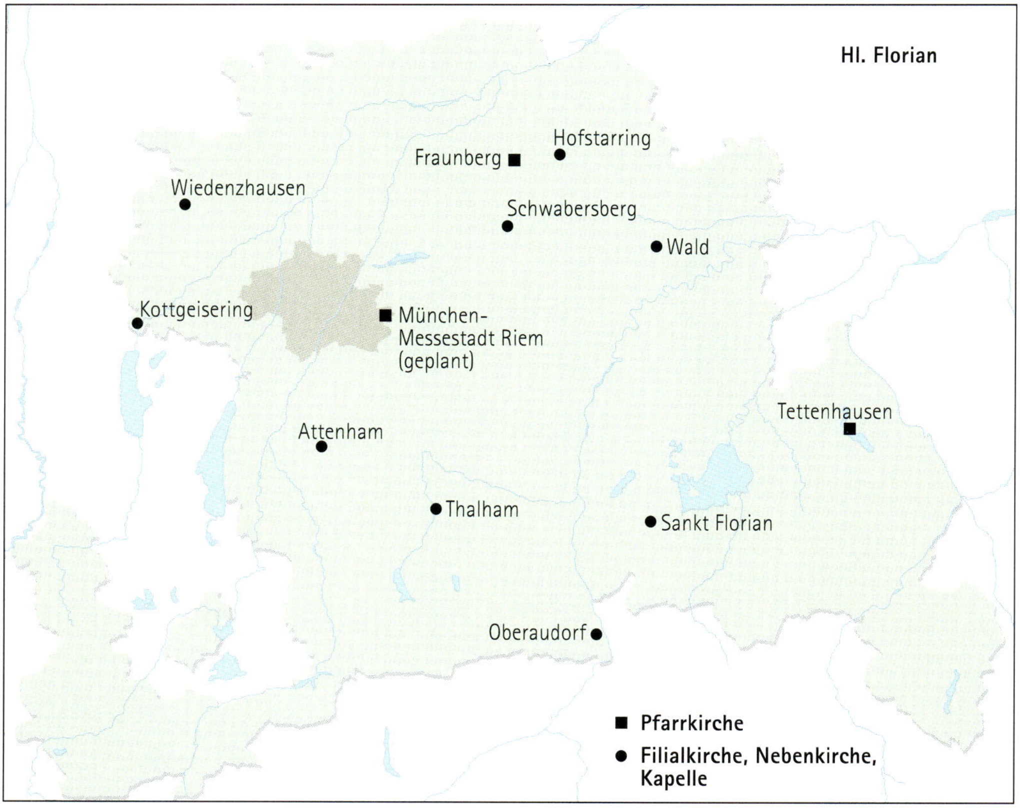


## Hl. Florian

Attenham, Filialkirche, Pfarrei Endlhausen-St. Valentin

Fraunberg, Pfarrkirche

Hofstarring, Filialkirche, Pfarrei Steinkirchen-St. Johannes Baptist und Evangelist

Kottgeisering, Kapelle, Pfarrei Kottgeisering-St. Valentin

München-Messestadt Riem, Pfarrkirche (geplant)

Oberaudorf, Nebenkirche, Pfarrei Oberaudorf-Zu Unserer Lieben Frau

Sankt Florian, Nebenkirche, Pfarrei Frasdorf-St. Margareth

Schwabersberg, Filialkirche, Pfarrei Walperts-kirchen-St. Erhard

Tettenhausen, Pfarrkirche

Thalham, Hauskapelle der Herrenmühle, Pfarrei Neukirchen-St. Dionysius

Wald, Nebenkirche, Pfarrei Rattenkirchen-Mariä Himmelfahrt

Wiedenzhausen, Filialkirche, Pfarrei Eberts-hausen-St. Benedikt

### Literatur

Florian Trenner, Der heilige Florian, Regensburg 1981, 59 – 60

## Hl. Hedwig von Andechs

München-Sendling, Pfarrkirche
Rosenheim, Pfarrkirche

## Hl. Heinrich

München-Sendling, Pfarrkirche

## Sel. Irmengard

Partenkirchen, Kapelle in der St. Irmengard-Schule, Pfarrei Partenkirchen-Maria Himmelfahrt

Die Pfarr- und Klosterkirche Frauenchiemsee ist nicht – wie manchmal angegeben – der sel. Irmengard geweiht, sondern hat das Patrozinium Mariä Opferung.

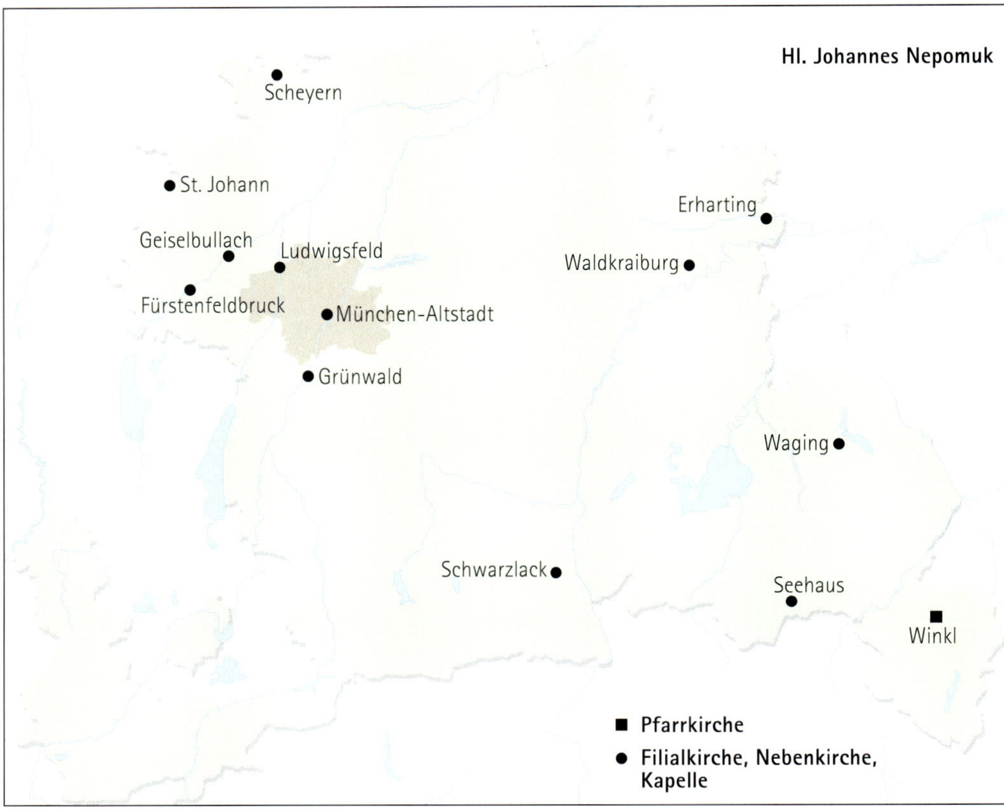


## Hl. Johannes Nepomuk

Erharting, Privatkapelle, Pfarrei Erharting-St. Peter und Paul

Fürstenfeldbruck, Kapelle, Pfarrei Fürstenfeldbruck-St. Magdalena

Geiselbullach, Nebenkirche, Pfarrei Olching-St. Peter und Paul

Grünwald, Kapelle, Pfarrei Grünwald-St. Peter und Paul

Ludwigsfeld, Nebenkirche, Pfarrei Karlsfeld-St. Josef

München-Altstadt, »Asamkirche«, Nebenkirche, Pfarrei München-St. Peter

Scheyern, Kapitelkirche, Nebenkirche, Pfarrei Scheyern-Hl. Kreuz und Mariä Himmelfahrt

Schwarzlack, Nebenkirche (Hl. Maria und St. Johann Nepomuk), Pfarrei Brannenburg-Mariä Himmelfahrt

Seehaus, Kapelle, Pfarrei Ruhpolding-St. Georg

St. Johann, Kapelle, Pfarrei Sittenbach-St. Laurentius

Waging, Wegkapelle, Pfarrei Waging am See-St. Martin

Waldkraiburg, Nebenkirche, Pfarrei Waldkraiburg-Christkönig

Winkl, Pfarrkirche

## Hl. Kastulus

Eiselsdorf, Filialkirche, Pfarrei Geisenhausen-St. Martin
Meiletskirchen, Nebenkirche, Pfarrei Steinhöring-St. Gallus
Moosburg, Pfarrkirche
Prittlbach, Filialkirche, Pfarrei Dachau-Hl. Kreuz
Puchschlagen, Filialkirche, Pfarrei Schwabhausen-St. Michael
Pullenhofen, Nebenkirche, Pfarrei Bruck-St. Peter und Paul
Schallenkam, Nebenkirche, Kuratie Holzhausen am Starnberger See-St. Johann Baptist
Schiltern, Filialkirche, Pfarrei Schwindkirchen-Mariä Himmelfahrt
Vilsheim, Pfarrkirche

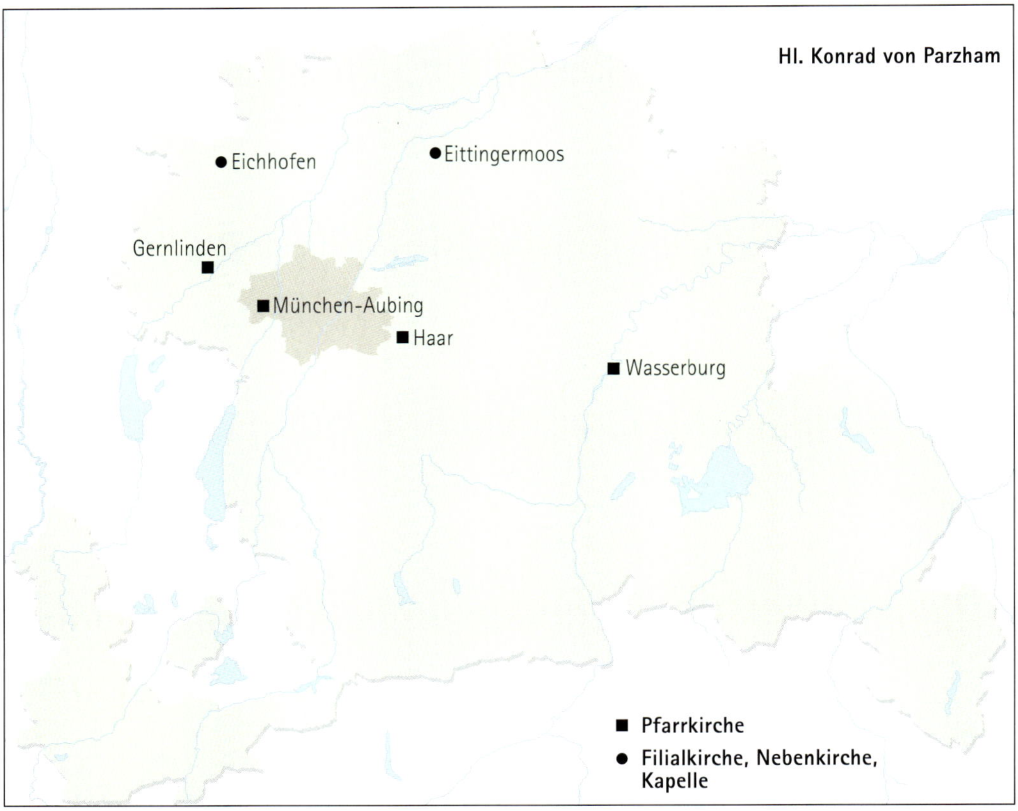


## Hl. Konrad von Parzham

Eichhofen, Privatkapelle des Obst- und Gartenbauvereins, Pfarrei Westerholzhausen-St. Korbinian

Eittingermoos, Filialkirche, Pfarrei Freising-Lerchenfeld-St. Lantpert

Gernlinden, Pfarrkirche

Haar, Pfarrkirche

München-Aubing, Pfarrkirche

Wasserburg, Pfarrkirche

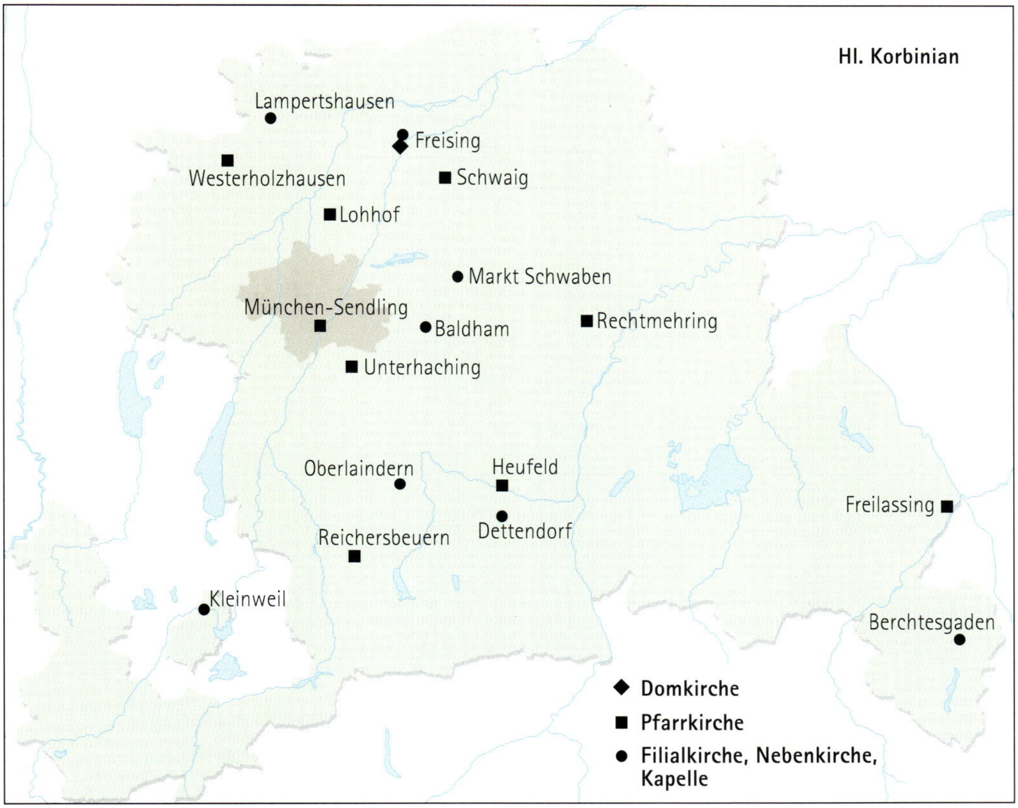


## Hl. Korbinian

Baldham, Nebenkirche, Pfarrei Vaterstetten-Zum Kostbaren Blut Christi
Berchtesgaden, Kapelle im Bürgerheim, Pfarrei Berchtesgaden-St. Andreas
Dettendorf, Filialkirche, Pfarrei Kemathen-Dettendorf-St. Martin und St. Korbinian
Freilassing, Pfarrkirche
Freising, Domkirche (Mariä Geburt und St. Korbinian), Konkathedrale des Erzbistums München und Freising
Freising, Schulkirche, Nebenkirche, Pfarrei Freising-St. Georg
Heufeld, Pfarrkirche
Kleinweil, Filialkirche, Pfarrei Schlehdorf-St. Tertulin
Lampertshausen, Filialkirche (St. Lantbert und Korbinian), Pfarrei Steinkirchen-St. Anna
Lohhof, Pfarrkirche
Markt Schwaben, Kapelle, Pfarrei Markt Schwaben-St. Margaret
München-Sendling, Pfarrkirche
Oberlaindern, Filialkirche, Pfarrkuratie Oberdarching-St. Michael
Rechtmehring, Pfarrkirche
Reichersbeuern, Pfarrkirche
Schwaig, Pfarrkirche
Unterhaching, Pfarrkirche
Westerholzhausen, Pfarrkirche

Literatur

Peter Pfister, Die Kirchenpatrozinien des heiligen Korbinian, in: Peter Pfister (Hg.), Ein Segen für das Land. Der heilige Korbinian Bischof in Freising, München 1999, 73 – 75

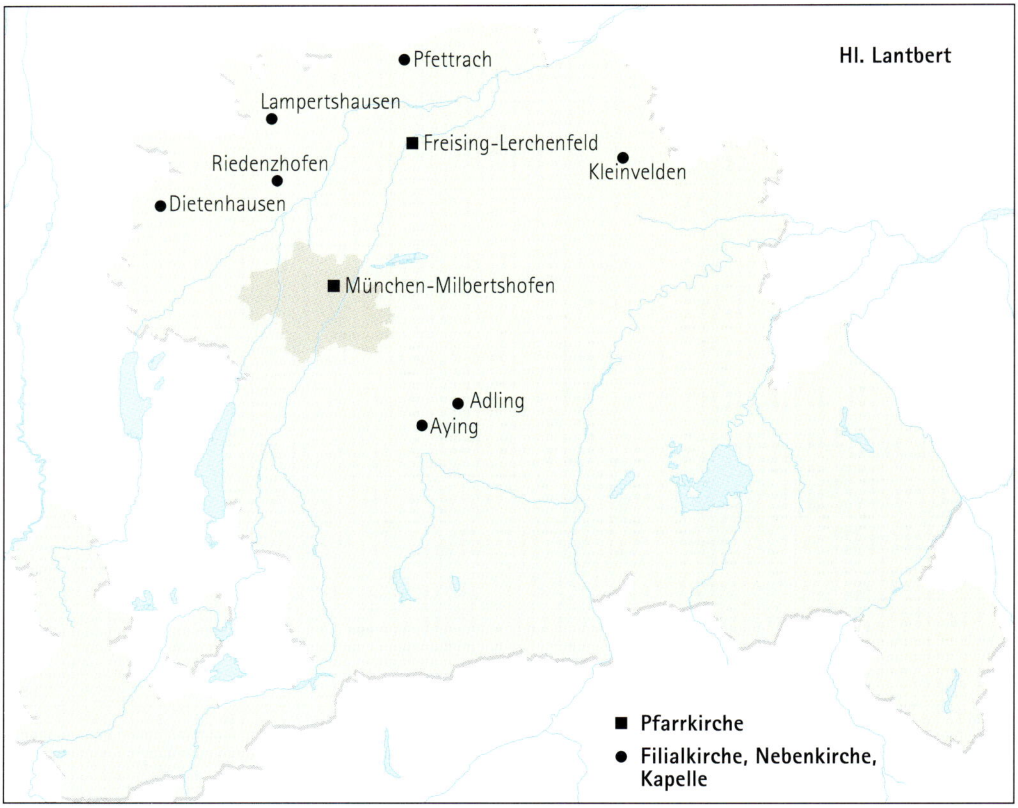


## Hl. Lantbert

Der hl. Lantbert von Freising ist zu unterscheiden vom hl. Bischof und Märtyrer Lambert von Maastricht (Fest: 18. September).

Adling, Filialkirche, Pfarrei Glonn-St. Johannes der Täufer
Aying, Friedhofskapelle, Pfarrei Aying-St. Andreas
Dietenhausen, Kapelle, Pfarrei Odelzhausen-St. Benedikt
Freising-Lerchenfeld, Pfarrkirche
Kleinvelden, Filialkirche, Pfarrei Velden/Vils-St. Petrus
Lampertshausen, Filialkirche (St. Lantbert und Korbinian), Pfarrei Steinkirchen-St. Anna
München-Milbertshofen, Pfarrkirche
Pfettrach, Filialkirche, Pfarrei Reichertshausen-St. Stefan
Riedenzhofen, Filialkirche, Pfarrei Röhrmoos-St. Johannes der Täufer

### Literatur

Joseph A. Fischer, Die Freisinger Bischöfe von 906 bis 957 (Studien zur altbayerischen Kirchengeschichte 6), München 1980, 133–135

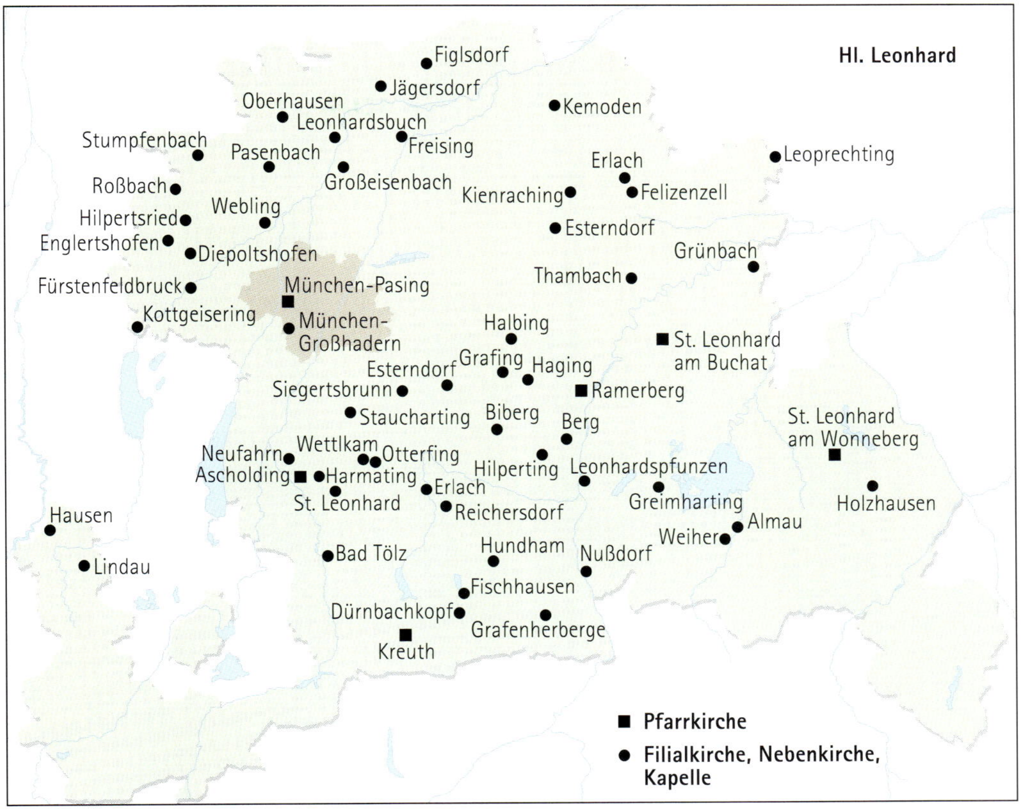


## Hl. Leonhard

Almau, Filialkirche, Pfarrei Übersee-St. Nikolaus
Ascholding, Pfarrkirche
Bad Tölz, Kapelle am Kalvarienberg (Zur Schmerzhaften Muttergottes und St. Leonhard), Pfarrei Bad Tölz-Mariä Himmelfahrt
Berg bei Hochstätt, Privatkapelle, Pfarrei Hochstätt-St. Vitus
Biberg, Filialkirche (St. Ulrich und Leonhard), Pfarrei Schönau bei Bad Aibling-Mariä Himmelfahrt
Diepoltshofen, Filialkirche, Pfarrei Maisach-St. Vitus
Dürnbachkopf, Kapelle oberhalb der Freudenreichalm, Pfarrei Neuhaus am Schliersee-St. Josef
Englertshofen, Filialkirche (St. Ulrich und Leonhard), Pfarrei Aufkirchen an der Maisach-St. Georg
Erlach, Filialkirche, Pfarrei Velden/Vils-St. Petrus
Erlach, Kapelle, Pfarrei Weyarn-St. Peter und Paul
Esterndorf, Filialkirche, Pfarrei Oberdorfen-St. Georg
Esterndorf, Filialkirche, Pfarrei Oberpframmern-St. Andreas
Felizenzell, Nebenkirche, Pfarrei Buchbach-St. Jakobus der Ältere
Figlsdorf, Filialkirche, Pfarrei Nandlstadt-St. Martin
Fischhausen, Filialkirche, Pfarrei Neuhaus am Schliersee-St. Josef

Freising, Friedhofskirche, Nebenkirche (Mariä Himmelfahrt und St. Leonhard), Pfarrei Freising-St. Georg

Fürstenfeldbruck, Nebenkirche, Pfarrei Fürstenfeldbruck-St. Magdalena

Grafenherberge, Nebenkirche, Pfarrei Niederaudorf-Reisach-St. Michael

Grafing, Marktkirche, Nebenkirche, Pfarrei Grafing-St. Ägidius

Greimharting, Filialkirche (St. Leonhard und Petrus), Pfarrei Prien am Chiemsee-Mariä Himmelfahrt

Großeisenbach, Filialkirche (St. Leonhard und Quirinus), Kuratie Weng-St. Georg

Grünbach, Filialkirche, Pfarrei Flossing-St. Johannes der Täufer

Haging, Filialkirche, Pfarrei Frauenneuharting-Mariä Heimsuchung

Halbing, Privatkapelle, Pfarrei Oberndorf-St. Georg

Harmating, Filialkirche, Pfarrei Thanning-St. Peter und Paul

Hausen, Kapelle, Pfarrei Peiting-St. Michael

Hilperting, Filialkirche, Pfarrei Tuntenhausen-Mariä Himmelfahrt

Hilpertsried, Kapelle, Pfarrei Ebertshausen-St. Benedikt

Holzhausen, Filialkirche, Pfarrei Teisendorf-St. Andreas

Hundham, Nebenkirche, Pfarrei Elbach-St. Andreas

Jägersdorf, Filialkirche, Pfarrei Wolfersdorf-St. Peter und Paul

Kemoden, Filialkirche, Pfarrei Vilsheim-St. Kastulus

Kienraching, Filialkirche, Pfarrei Dorfen-Mariä Himmelfahrt

Kottgeisering, Privatkapelle, Pfarrei Kottgeisering-St. Valentin

Kreuth, Pfarrkirche

Leonhardsbuch, Filialkirche, Pfarrei Allershausen-St. Josef

Leonhardspfunzen, Filialkirche, Pfarrei Zaisering-St. Vitus

Leoprechting, Nebenkirche, Pfarrei Roßbach-St. Ägidius

Lindau, Privatkapelle, Pfarrei Böbing-St. Georg

München-Großhadern, Kapelle, Pfarrei München-St. Canisius

München-Pasing, Pfarrkirche

Neufahrn, Kapelle, Pfarrei Egling-St. Martin

Nußdorf, Nebenkirche, Pfarrei Nußdorf am Inn-St. Vitus

Oberhausen, Filialkirche (St. Georg und Leonhard), Pfarrei Steinkirchen-St. Anna

Otterfing, Privatkapelle, Pfarrei Otterfing-St. Georg

Pasenbach, Filialkirche, Pfarrei Vierkirchen-St. Jakobus

Ramerberg, Pfarrkirche

Reichersdorf, Filialkirche, Pfarrei Neukirchen-St. Dionysius

Roßbach, Filialkirche, Pfarrei Sittenbach-St. Laurentius

Siegertsbrunn, Wallfahrtskirche, Nebenkirche, Pfarrei Siegertsbrunn-St. Peter

St. Leonhard, Wallfahrtskirche, Nebenkirche, Pfarrei Dietramszell-Mariä Himmelfahrt

St. Leonhard am Buchat, Pfarrkirche

St. Leonhard am Wonneberg, Pfarrkirche

Staucharting, Nebenkirche (St. Anna und Leonhard), Pfarrei Sauerlach-St. Andreas

Stumpfenbach, Nebenkirche (St. Leonhard und Ulrich), Pfarrei Altomünster-St. Alto

Thambach, Filialkirche (St. Georg und Leonhard), Pfarrei Reichertsheim-Mariä Himmelfahrt

Webling, Filialkirche, Pfarrei Dachau-St. Jakob

Weiher, Kapelle, Pfarrei Grassau-Mariä Himmelfahrt

Wettlkam, Privatkapelle, Pfarrei Otterfing-St. Georg

### Literatur

Birgitta Klemenz (Hg.), St. Leonhard zu Ehren. 550 Jahre Leonhardikirche in Bruck. Ausstellungskatalog, Fürstenfeldbruck 1990, 79

## Hl. Magnus

Krauthof, Privatkapelle, Pfarrei Miesbach-Mariä Himmelfahrt

Krottenthal, Privatkapelle, Pfarrkuratie Schaftlach-Hl. Kreuz

## Maria, Patronin von Bayern

Baierbrunn, Nebenkirche, Pfarrei Baierbrunn-St. Peter und Paul

München-Pasing, Pfarrkirche (Maria Schutz)

München-Fasangarten, Nebenkirche, Pfarrei München-St. Bernhard

Oberschleißheim, Pfarrkirche

Waldkraiburg, Pfarrkirche

Wendelstein, Nebenkirche, Pfarrei Brannenburg-Mariä Himmelfahrt

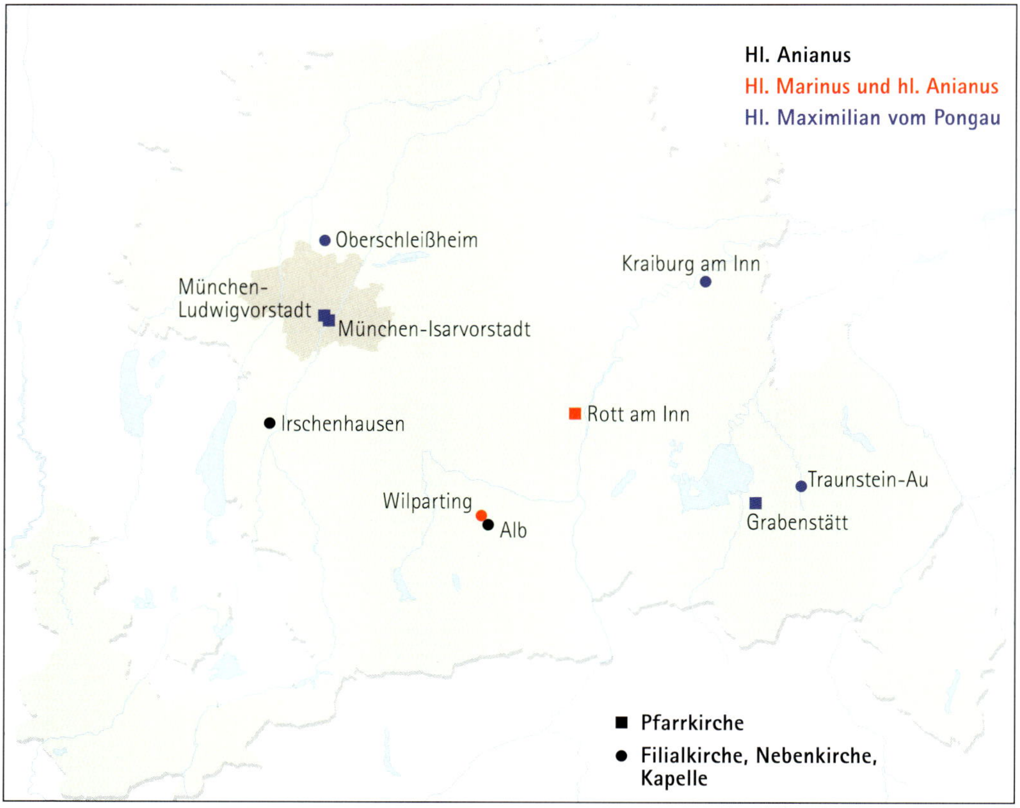


## Hl. Marinus und hl. Anianus

Alb, Nebenkirche (St. Anianus), Pfarrei Irschenberg-St. Johann Baptist

Irschenhausen, Filialkirche (St. Anianus), Pfarrei Icking/Isartal-Hl. Kreuz

Rott am Inn, Pfarrkirche (St. Peter und Paul, Marinus und Anianus)

Wilparting, Nebenkirche (St. Marinus und Anianus), Pfarrei Irschenberg-St. Johann Baptist

## Hl. Maximilian vom Pongau

Grabenstätt, Pfarrkirche

Kraiburg am Inn, Filialkirche, Pfarrei Kraiburg am Inn-St. Bartholomäus

München-Ludwigsvorstadt, Klinikum Innenstadt der Ludwig-Maximilians-Universität, Pfarrkirche

München-Isarvorstadt, Pfarrkirche

Oberschleißheim, Kapelle im Neuen Schloß, Pfarrei Oberschleißheim-Maria Patrona Bavariae

Traunstein-Au, Salinenkirche, Nebenkirche (St. Rupert und Maximilian), Pfarrei Traunstein-St. Oswald

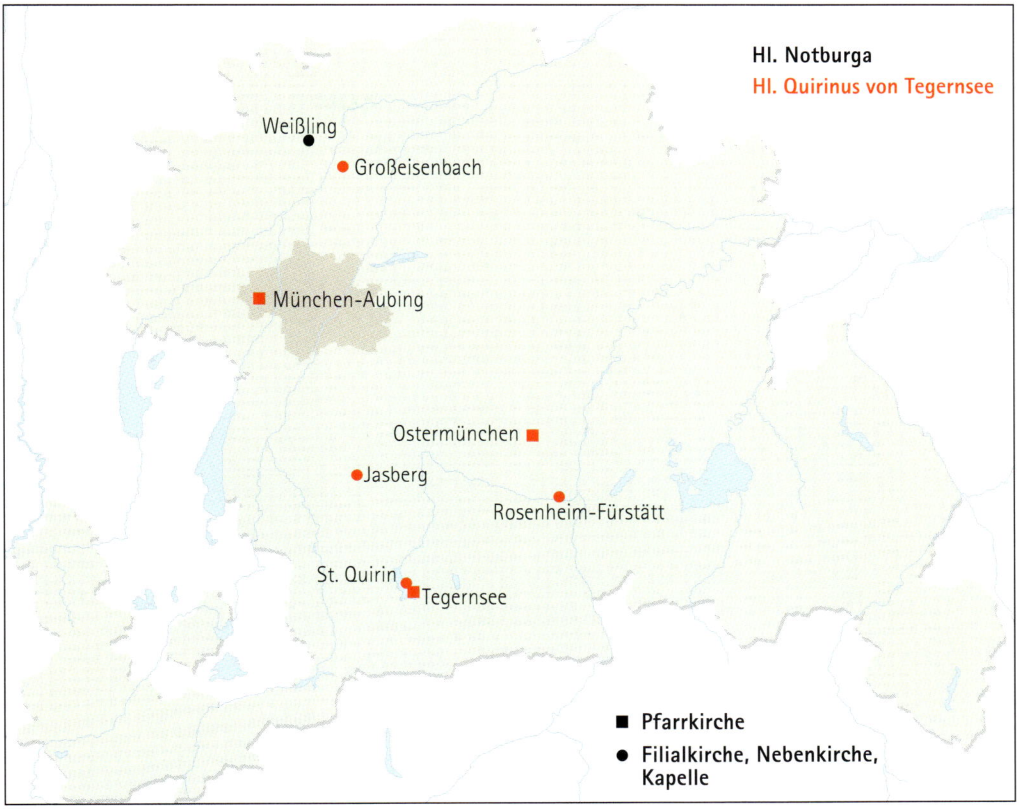


## Hl. Notburga

Weißling, Filialkirche, Pfarrei Kollbach-St. Martin

### Literatur

Peter Orlik, Die heilige Notburga in der Kunst, in: Franz Caramelle / Wolfgang Ingenhaeff / Peter Orlik / Ludwig Penz, Sankt Notburga. Die Volksheilige aus Tirol in Geschichte, Kult und Kunst, Hall in Tirol 1996, 56 – 125, bes. 104 – 115

## Hl. Quirinus von Tegernsee

Quirinus von Tegernsee ist zu unterschieden u.a. von den Märtyrern Quirinus von Neuß (römischer Tribun; Fest: 30. März) und Quirinus von Sissek (Bischof; Fest: 4. Juni).

Großeisenbach, Filialkirche (St. Leonhard und Quirinus), Kuratie Weng-St. Georg
Jasberg, Nebenkirche (St. Katharina und Quirinus), Kuratie Steingau-St. Martin
München-Aubing, Pfarrkirche
Ostermünchen, Pfarrkirche (St. Laurentius, Stephanus und Quirinus)
Rosenheim-Fürstätt, Nebenkirche, Pfarrei Rosenheim-Fürstätt-St. Quirinus
St. Quirin, Filialkirche, Pfarrei Tegernsee-St. Quirinus
Tegernsee, Pfarrkirche

### Literatur

Johann Weißensteiner, Tegernsee, die Bayern und Österreich. Studien zu Tegernseer Geschichtsquellen und der bayerischen Stammessage. Mit einer Edition der Passio secunda S. Quirini (Archiv für österreichische Geschichte 133), Wien 1983, 155 – 160

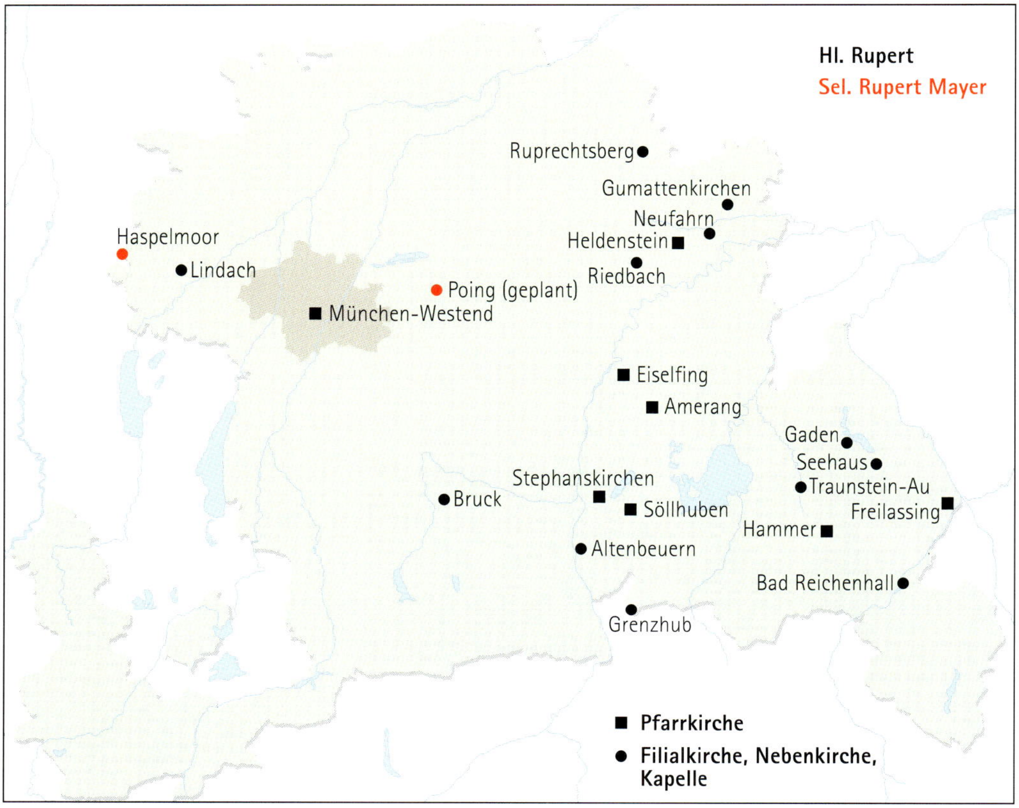


## Hl. Rupert

Altenbeuern, Filialkirche (St. Rupert und Heiligste Dreifaltigkeit), Pfarrei Neubeuern-Mariä unbefleckte Empfängnis
Amerang, Pfarrkirche
Bad Reichenhall, Salinenkapelle / Brunnhauskapelle, Nebenkirche, Pfarrei Bad Reichenhall-St. Nikolaus
Bruck, Filialkirche, Pfarrei Neukirchen-St. Dionysius
Eiselfing, Pfarrkirche
Freilassing, Pfarrkirche
Gaden, Filialkirche, Pfarrei Waging am See-St. Martin
Grenzhub, Ölbergkapelle, Nebenkirche, Pfarrei Sachrang-St. Michael
Gumattenkirchen, Filialkirche, Pfarrei Niederbergkirchen-St. Blasius
Hammer, Pfarrkirche
Heldenstein, Pfarrkirche
Lindach, Nebenkirche, Pfarrei Malching-St. Margareth
München-Westend, Pfarrkirche
Neufahrn, Filialkirche, Pfarrei Mettenheim-St. Michael
Riedbach, Filialkirche, Pfarrei Reichertsheim-Mariä Himmelfahrt

Ruprechtsberg, Filialkirche, Pfarrei Eberspoint-Ruprechtsberg-St. Andreas
Seehaus, Schloßkapelle, Pfarrei Petting-St. Johann Baptist
Söllhuben, Pfarrkirche (St. Rupert und Martin)
Stephanskirchen, Pfarrkirche
Traunstein-Au, Salinenkirche, Nebenkirche (St. Rupert und Maximilian), Pfarrei Traunstein-St. Oswald

Literatur

Edmund Wagenhofer, Der hl. Rupert als Patron von Kirchen und Orten, in: Hl. Rupert von Salzburg 696 – 1996. Katalog der Ausstellung im Dommuseum zu Salzburg und in der Erzabtei St. Peter, Salzburg 1996, 213 – 253

## Sel. Rupert Mayer

Haspelmoor, Kapelle, Pfarrei Hattenhofen-St. Johannes der Täufer
Poing, Kuratiekirche (geplant)

*Grabstätte des sel. Rupert Mayer in der Unterkirche des Münchener Bürgersaals*

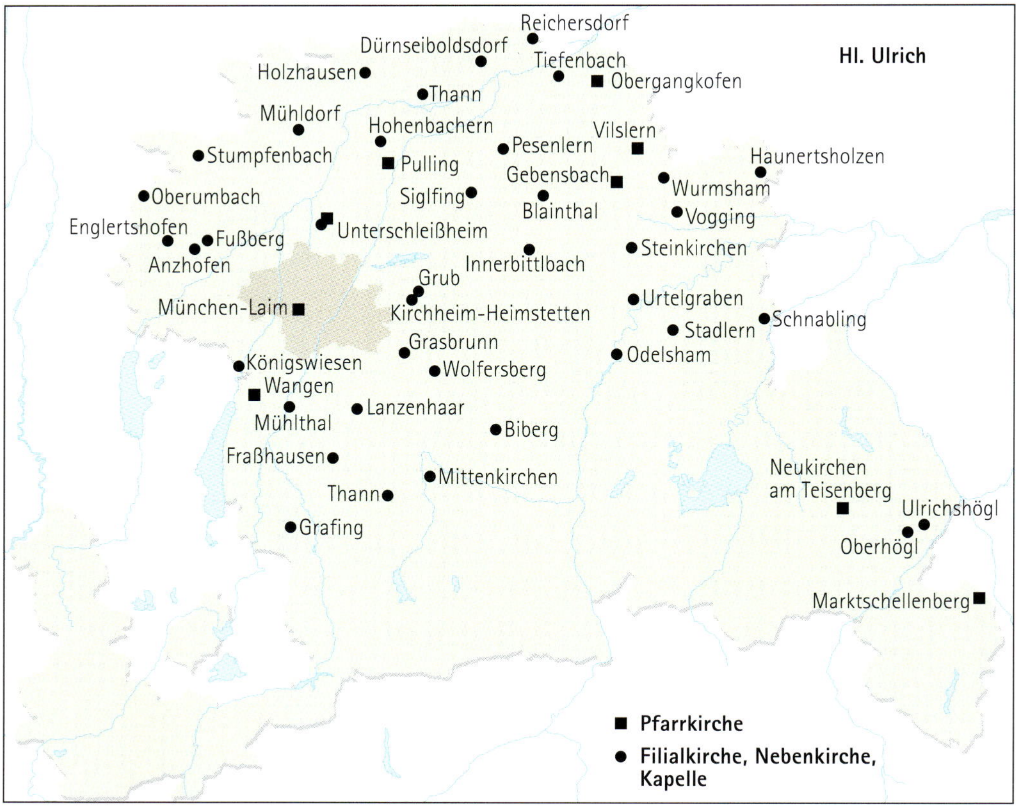


## Hl. Ulrich

Anzhofen, Privatkapelle, Pfarrei Maisach-St. Vitus

Biberg, Filialkirche (St. Leonhard und Ulrich), Pfarrei Schönau bei Bad Aibling-Mariä Himmelfahrt

Blainthal, Filialkirche, Pfarrei Hofkirchen-Mariä Geburt

Dürnseiboldsdorf, Filialkirche, Pfarrei Mauern-St. Johannes der Täufer

Englertshofen, Filialkirche (St. Ulrich und Leonhard), Pfarrei Aufkirchen an der Maisach-St. Georg

Fraßhausen, Privatkapelle, Pfarrei Thanning-St. Peter und Paul

Fußberg, Filialkirche (Unschuldige Kinder und St. Ulrich), Kuratie Überacker-St. Bartholomäus

Gebensbach, Pfarrkirche

Grafing, Kapelle, Pfarrei Königsdorf-St. Laurentius

Grasbrunn, Nebenkirche, Pfarrei Putzbrunn-St. Stephan

Grub, Kapelle, Pfarrei Poing-St. Michael

Haunertsholzen, Nebenkirche, Pfarrei Niedertaufkirchen-St. Martin

Hohenbachern, Filialkirche, Pfarrei Freising-Vötting-St. Jakob

Holzhausen, Filialkirche, Pfarrei Sünzhausen-St. Koloman
Innerbittlbach, Filialkirche, Pfarrei Isen-St. Zeno
Kirchheim-Heimstetten, Nebenkirche, Pfarrei Heimstetten-St. Peter
Königswiesen, Filialkirche, Pfarrei Gauting-St. Benedikt
Lanzenhaar, Nebenkirche, Pfarrei Sauerlach-St. Andreas
Marktschellenberg, Pfarrkirche (St. Nikolaus und Ulrich)
Mittenkirchen, Nebenkirche (St. Ulrich und Vitus), Pfarrei Weyarn-St. Peter und Paul
Mühldorf, Nebenkirche, Pfarrei Hohenkammer-St. Johannes Evangelist
Mühlthal, Kapelle, Pfarrei Großdingharting-St. Laurentius
München-Laim, Pfarrkirche
Neukirchen am Teisenberg, Pfarrkirche
Obergangkofen, Pfarrkirche
Oberhögl, Reinbrechtkapelle, Privatkapelle, Pfarrei Anger-Mariä Himmelfahrt
Oberumbach, Filialkirche, Pfarrei Pfaffenhofen an der Glonn-St. Michael
Odelsham, Filialkirche, Pfarrei Babensham-St. Martin
Pesenlern, Nebenkirche, Pfarrei Wartenberg-Mariä Geburt
Pulling, Pfarrkirche
Reichersdorf, Filialkirche (St. Laurentius und Ulrich), Pfarrei Gündlkofen-St. Peter
Schnabling, Filialkirche, Pfarrei Engelsberg-St. Andreas
Siglfing, Nebenkirche, Pfarrei Erding-St. Johannes
Stadlern, Nebenkirche, Pfarrei St. Leonhard am Buchat-St. Leonhard
Steinkirchen, Filialkirche, Pfarrei Obertaufkirchen-St. Martin
Stumpfenbach, Nebenkirche (St. Leonhard und Ulrich), Pfarrei Altomünster-St. Alto
Thann, Filialkirche, Pfarrei Zolling-St. Johann Baptist
Thann, Nebenkirche, Pfarrei Hartpenning-Mariä Heimsuchung
Tiefenbach, Filialkirche, Pfarrei Ast-St. Georg
Ulrichshögl, Filialkirche, Pfarrei Ainring-St. Laurentius
Unterschleißheim, Pfarrkirche
Unterschleißheim, Alte Kirche, Nebenkirche, Pfarrei Unterschleißheim-St. Ulrich
Urtelgraben, Nebenkirche, Pfarrei Gars am Inn-Mariä Himmelfahrt
Vilslern, Pfarrkirche
Vogging, Nebenkirche, Pfarrei Ampfing-St. Margareta
Wangen, Pfarrkirche
Wolfersberg, Filialkirche, Kuratie Oberpframmern-St. Andreas
Wurmsham, Filialkirche, Pfarrei Seifriedswörth-St. Peter und Paul

Literatur

Roland Götz, Ulrichskirchen in den Matrikeln des Bistums Freising, mit besonderer Berücksichtigung der Schmidtschen Matrikel von 1738, in: Manfred Weitlauff (Hg.), Bischof Ulrich von Augsburg 890–973. Seine Zeit – sein Leben – seine Verehrung. Festschrift aus Anlaß des tausendjährigen Jubiläums seiner Kanonisation im Jahre 993 (Jahrbuch des Vereins für Augsburger Bistumsgeschichte 26/27), Weißenhorn 1993, 329–378

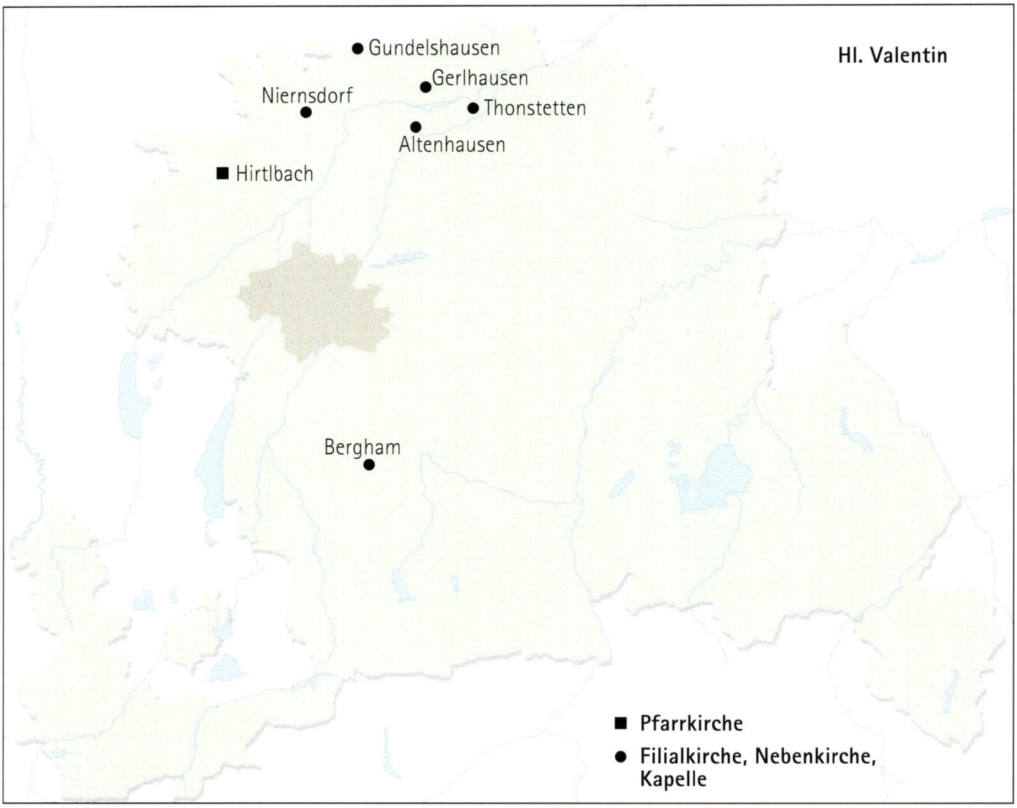


## Hl. Valentin

Nicht immer ist sicher festzustellen, ob Valentin von Rätien oder der Bischof und Märtyrer Valentin von Terni (Fest: 14. Februar) gemeint ist.

Altenhausen, Filialkirche, Pfarrei Marzling-St. Martin
Bergham, Nebenkirche, Pfarrei Otterfing-St. Georg
Gerlhausen, Filialkirche, Pfarrei Oberappersdorf-St. Georg
Gundelshausen, Filialkirche (St. Martin und Valentin), Kuratie Dürnzhausen-St. Georg
Hirtlbach, Pfarrkirche
Niernsdorf, Nebenkirche (Unschuldige Kinder und St. Valentin), Pfarrei Hohenkammer-St. Johannes Evangelist
Thonstetten, Filialkirche, Pfarrei Moosburg-St. Kastulus

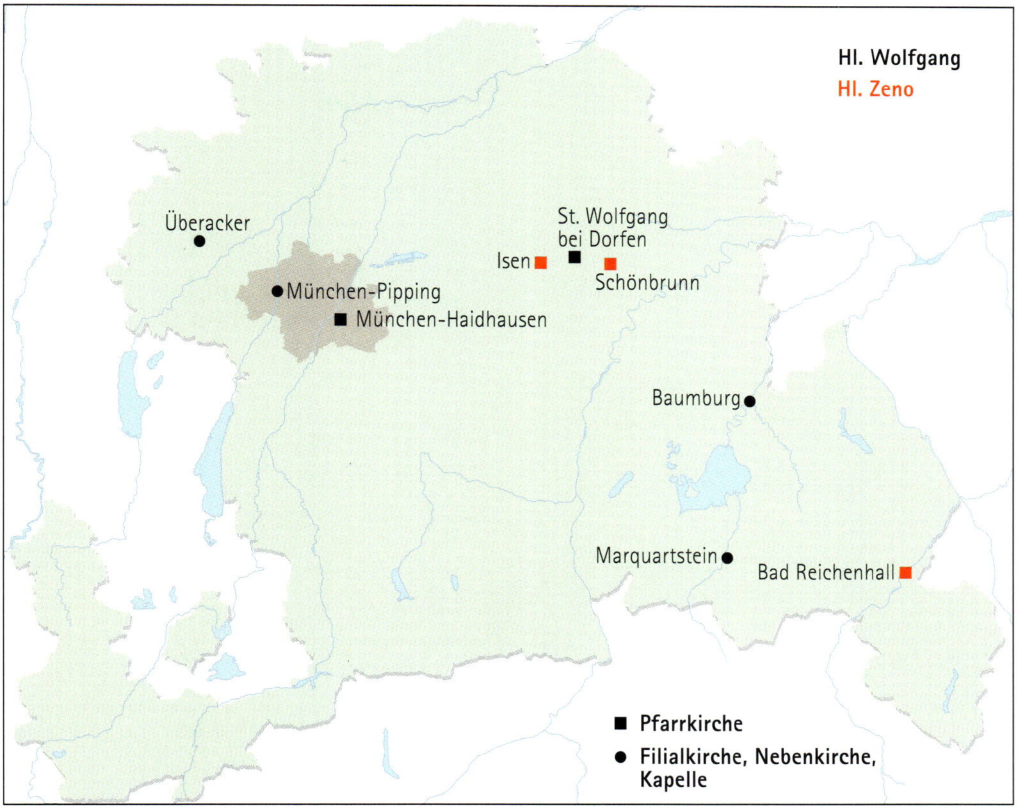


## Hl. Wolfgang

Baumburg, Filialkirche, Pfarrei Baumburg-St. Margareta
Marquartstein, Schnappenkapelle, Pfarrei Marquartstein-Zum kostbaren Blut
München-Haidhausen, Pfarrkirche
München-Pipping, Nebenkirche, Pfarrei München-Leiden Christi
St. Wolfgang bei Dorfen, Pfarrkirche
Überacker, Privatkapelle, Kuratie Überacker-St. Bartholomäus

## Hl. Zeno

Bad Reichenhall, Pfarrkirche
Isen, Pfarrkirche
Schönbrunn, Pfarrkirche

# Literatur


Angenendt, Arnold: Heilige und Reliquien. Die Geschichte ihres Kultes vom frühen Christentum bis zur Gegenwart, München $^{2}$1997

Bavaria Sancta. Zeugen christlichen Glaubens in Bayern I–III, hg. von Georg Schwaiger, Regensburg 1970 – 1973

Beinert, Wolfgang (Hg.): Die Heiligen heute ehren. Eine theologisch-pastorale Handreichung, Freiburg-Basel-Wien 1983

Berger, Rupert: Neues Pastoralliturgisches Handlexikon, Freiburg-Basel-Wien 1999

Bibliotheca Sanctorum. I–XII und Registerband, Rom 1961 – 1970; Ergänzungsband I-II, Rom 1987 – 2000

Bistumspatrone in Deutschland, hg. von August Leidl, München-Zürich 1984

Braun, Joseph: Tracht und Attribute der Heiligen in der deutschen Kunst, Stuttgart 1943 (Nachdruck München 1974)

Christenleben im Wandel der Zeit. I: Lebensbilder aus der Geschichte des Bistums Freising, II: Lebensbilder aus der Geschichte des Erzbistums München und Freising, hg. von Georg Schwaiger, München 1987

Eigenfeiern des Erzbistums München und Freising. Eigentexte zum Meßbuch. Authentische Ausgabe für den liturgischen Gebrach, München $^{2}$1988

Fuchs, Guido / Weikmann, Hans Martin (Hg.): Wir ehren die Heiligen. Gottesdienstmodelle für alle nichtgebotenen Gedenktage, Regensburg 1990

Gottesdienst der Kirche. Handbuch der Liturgiewissenschaft. VI/1: Feiern im Rhythmus der Zeit II/1: Philipp Harnoncourt, Der Kalender / Hansjörg Auf der Maur, Feste und Gedenktage der Heiligen, Regensburg 1994

Gotteslob. Katholisches Gebet- und Gesangbuch. Ausgabe für das Erzbistum München und Freising, München 2003

Lebensbilder aus der Geschichte des Bistums Regensburg, hg. von Georg Schwaiger, I-II (Beiträge zur Geschichte des Bistums Regensburg 23/24), Regensburg 1989

Lexikon der christlichen Ikonographie. V–VIII: Ikonographie der Heiligen, hg. von Wolfgang Braunfels, Rom-Freiburg-Basel-Wien 1973 – 1976

Maß, Josef: Zeugen des Glaubens. Die Heiligen im Diözesankalender des Erzbistums München und Freising, München $^{2}$1976

Müller, Gerhard Ludwig: Gemeinschaft und Verehrung der Heiligen. Geschichtlich-systematische Grundlegung der Hagiologie, Freiburg-Basel-Wien 1986

Münchener Kantorale für die musikalische Gestaltung der Messfeier ... IV: Heiligengedächtnis / Besondere Anlässe, erarbeitet von Markus Eham ..., Planegg 1995

Pfister, Peter: Leben aus dem Glauben. Das Erzbistum München und Freising. V: Wallfahrt, Volksfrömmigkeit und Heiligenverehrung, Straßburg 1992

Reclams Lexikon der Heiligen und biblischen Gestalten. Legende und Darstellung in der bildenden Kunst, Stuttgart $^{9}$2001

Schmid, Alois: Die bayerischen Landespatrone, in: Beiträge zur altbayerischen Kirchengeschichte 46 (2001) 289 – 311

Trenner, Florian (Hg.): Unter bayerischem Himmel im Jahreslauf. Zur Verehrung der Heiligen, München-Donauwörth 2001

Warncke, Carsten-Peter: Bavaria Sancta – Heiliges Bayern. Die altbayerischen Patrone aus der Heiligengeschichte des Matthaeus Rader (Die bibliophilen Taschenbücher 280), Dortmund 1981

Wimmer, Otto / Knoflach-Zingerle, Barbara: Kennzeichen und Attribute der Heiligen, Innsbruck-Wien 2000

Wimmer, Otto / Melzer, Hartmann: Lexikon der Namen und Heiligen, bearbeitet und ergänzt von Josef Gelmi, Innsbruck-Wien $^{6}$1988 (Nachdruck Hamburg 2002)

# Abbildungsnachweis

Archiv Wolf-Christian von der Mülbe, Dachau: Umschlag, 9, 10, 25, 30, 45, 47, 53, 61, 63, 65, 69, 85, 93, 105, 109, 113, 117, 121, 125, 129, 133, 161, 177, 181, 185, 189, 192, 221

Archiv des Erzbistums München und Freising, München: 20, 37, 41, 49, 57, 89, 101, 107, 131, 149, 196-202

Kunstreferat des Erzbischöflichen Ordinariats München: 22, 67, 77, 137, 165, 173

Pressestelle des Erzbischöflichen Ordinariats München: 13, 16

Archiv der Oberdeutschen Provinz der Gesellschaft Jesu (Archivum Monacense SJ), München: 169

Provinzialat der Armen Schulschwestern von Unserer Lieben Frau, München: 73

Provinzialat der Münchener Provinz der Redemptoristen, München: 33

Redemptoristenkloster Gars am Inn: 145

Bayerische Staatsbibliothek, München: 97

Staatliche Graphische Sammlung, München: 141

Peter Burkart, München: 81

Florian Ertl, Münchner Kirchenzeitung: 157

Franz Glaser, Klagenfurt: 115

Gregor Peda, Passau: 153

# Personenregister

## *Thomas Forstner*

Erfasst wurden alle historischen und legendären, nicht aber lebende Personen. Gebete und Liedtexte wurden nicht indiziert. Nach Möglichkeit wurde allen Personen im Register eine spezifizierende Bezeichnung beigegeben. Auf die Biographien der im vorliegenden Band behandelten Heiligen, Seligen und Blutzeugen wird durch Fettdruck hingewiesen, auf ihre Patrozinien innerhalb der Erzdiözese München und Freising mittels Kursivdruck.

# Ortsregister

## *Thomas Forstner*

Erfasst wurden Orte, Regionen und Länder. Weitere Toponyme wurden aufgenommen, sofern sie einen mit dem Leben eines Heiligen verbundenen Ort oder eine ihm geweihte Stätte bezeichnen. Nähere Hinweise zu einem Ort wurden in der Regel nur bei Namensgleichheit vorgenommen. Unberücksichtigt blieben rein attributive Angaben (z. B. »Salzburg« bei »Erzbischof Konrad von Salzburg«). Die Begriffe »Deutschland«, »Bayern« sowie »Erzdiözese München und Freising« wurden nicht aufgenommen. Gebete und Liedtexte wurden nicht indiziert. Die Umlaute ä, ö und ü wurden im Alphabet wie a, o und u behandelt. Toponyme mit St. (Sankt) sind am Beginn von St eingeordnet.

# Autoren

Thomas Forstner M.A., Wissenschaftlicher Mitarbeiter, Erzbischöfliches Archiv München

Dr. Roland Götz, Wissenschaftlicher Mitarbeiter, Archiv des Erzbistums München und Freising

Dr. Birgitta Klemenz, Leiterin des Archivs der Abtei St. Bonifaz München und Andechs

Lic. theol. Susanne Kornacker, Wissenschaftliche Mitarbeiterin, Erzbischöfliches Archiv München

Volker Laube M.A., Wissenschaftlicher Mitarbeiter, Archiv des Erzbistums München und Freising

Msgr. Dr. Josef Maß, Pfarrer von München-Christkönig, 2. Vorsitzender des Vereins für Diözesangeschichte von München und Freising

Dr. Gerhard Ludwig Müller, Bischof von Regensburg

Dr. Peter Pfister, Archivdirektor, Archiv des Erzbistums München und Freising und Erzbischöfliches Archiv München

Dr. Christiane Schwarz, Dokumentarin, Pressestelle des Erzbischöflichen Ordinariats München

Guido Treffler M.A., Wissenschaftlicher Mitarbeiter, Erzbischöfliches Archiv München

Michael Volpert M.A., Wissenschaftlicher Mitarbeiter, Erzbischöfliches Archiv München

Dr. Friedrich Kardinal Wetter, Erzbischof von München und Freising

Alle Karten fertigte Dipl.-Ing. (FH) Felix Halbgewachs, Pastorale Planungsstelle des Erzbischöflichen Ordinariats München.

Die Fotoarbeiten im Archiv des Erzbistums München und Freising besorgten Dipl.-Archivar (FH) Christian Schlafner und Dipl.-Archivar (FH) Manfred Herz.